Victor Chu
Jongleure der Lebensmitte

Victor Chu

Jongleure der Lebensmitte

**Von der Kunst,
Kinder, Eltern und eigene
Bedürfnisse unter einen
Hut zu bringen**

Kösel

Fortbildungsprogramme zum Thema dieses Buches können angefordert werden bei:

Dr. Victor Chu
Wiesenbacherstr. 52
69151 Neckargemünd

ISBN 3-466-30494-6
© 1999 by Kösel-Verlag GmbH & Co., München
Printed in Germany. Alle Rechte vorbehalten
Druck und Bindung: Ebner, Ulm
Umschlag: Kaselow Design, München
Umschlagmotiv: Randy Verougstraete, ZEFA/SIS

1 2 3 4 5 · 03 02 01 00 99

*Gedruckt auf umweltfreundlich hergestelltem Werkdruckpapier
(säurefrei und chlorfrei gebleicht)*

Inhalt

Vorwort

Dies ist eine kurze Geschichte der Zeit, und zwar nicht eine des Universums, sondern des menschlichen Mikrokosmos. Sie möchte aufzeichnen, wie sich die Zeit in unseren Familienbeziehungen entfaltet und ausfaltet, wie aus Kindern Eltern, aus Eltern Großeltern werden. Das menschliche Netzwerk, das dadurch geknüpft wird, umfasst Geburt, Leben und Sterben als einen ineinander fließenden Prozess. Daher die drei Themenbereiche *Geburt – Leben – Sterben, Familienbeziehungen* (darin eingebettet die Mann-Frau-Beziehung) und die *Zeit,* die alles umschließt und umfließt.

Diese Betrachtungen gehen von der Perspektive der *Zwischengeneration* aus, derjenigen Generation, die inmitten des Lebens steht. Als Elterngeneration sieht sie hinter sich die Großelterngeneration, vor sich die Kindergeneration und in sich spürt sie das Strömen der Zeit.

Aus der Zwischenposition heraus erwächst ihr aber auch Verantwortung und Verpflichtung der Großeltern- und Kindergeneration gegenüber. Beide fordern Aufmerksamkeit und Zuwendung ein. Diese aufzubringen und dabei die eigenen Bedürfnisse nicht zu vernachlässigen, macht die Elterngeneration zu den *Jongleuren der Lebensmitte.*

Die Zwischen-generation

Umtost vom Leben

Sie kommt eben von der Arbeit nach Hause, gerade noch rechtzeitig, um das Mittagessen auf den Tisch zu stellen, bevor die Kinder hungrig von der Schule heimkommen. Zum Glück hat sie die Kartoffeln schon gestern Abend geschält und in den Dampfkochtopf getan, so braucht sie den Herd nur einzuschalten. Das Übrige holt sie sich schnell aus der Gefriertruhe.

Auf dem Anrufbeantworter findet sie eine Nachricht vor. Ihre Mutter, seit dem Tod ihres Vaters allein lebend, hat angerufen und über ihre Hüfte geklagt. Sie könne nicht mehr gut laufen und das Schleppen des Einkaufskorbes fiele ihr zunehmend schwer. Außerdem habe sie die Enkel schon so lange nicht mehr gesehen. Wann kämen sie sie denn wieder besuchen? Nein, eigentlich wäre es viel schöner, wenn die Tochter sie mal für ein Wochenende zu sich holen könnte. Am Wochenende sei ja nichts los, sie sitze an den Wochenenden allein vor dem Fernseher und langweile sich.

Die Frau schaltet den Anrufbeantworter ab und seufzt. Vor einem halben Jahr ist ihr Vater gestorben. Seither hat sie die Mutter am Hals. Ihr Bruder wohnt weit weg, er hat sich noch nie sonderlich um die Eltern gekümmert. Wenn irgendetwas ist, ruft die Mutter immer sie als Erste an. Seit dem Tod ihres Mannes scheint sie nicht mehr mit sich und dem Leben fertig zu werden. Wenn die Mutter irgendwann nicht mehr laufen kann, wird sie sich überlegen müssen, ob sie sie zu sich holt oder ihr einen Platz im Altenheim sucht. Aber das Letztere werden ihr Bruder und die Verwandten nicht verstehen. Sie sei doch schließlich die Tochter und habe auch noch ein großes Haus mit Einliegewohnung. Warum könne die Mutter denn nicht bei ihr einziehen? Die Mutter selbst sagt zwar nichts dazu, aber sie erzählt auffallend häufig von der einen Freundin, die zu ihrem Sohn gezogen sei und es dort ganz wunderbar habe. Außerdem sei es doch praktisch, eine Großmutter im Haus zu haben. Da habe man ständig jemand, der auf die Kinder aufpassen kann.

Wieder seufzt sie. Ach, Papa, warum bist du nur so schnell von uns gegangen? Solange du da warst, habt ihr beide Gesellschaft gehabt, auch wenn ihr euch oft gestritten habt. Nun bist du weg, und ich habe mich gar nicht so richtig von dir verabschieden können. Als der Vater Beschwerden beim Wasserlassen bekommen hat, haben die Ärzte zugesichert, der Eingriff sei nur eine Kleinigkeit. Sie ist deshalb, wenn auch mit schlechtem Gewissen, in den Urlaub gefahren, denn ihr Mann brauchte unbedingt Erholung. Vorsorglich hat sie ihre Urlaubsadresse bei den Eltern hinterlegt. Dort traf die Nachricht ein, dass der Vater nicht aus der Narkose aufgewacht sei. Sie ist Hals über Kopf nach Hause gefahren und hat ihn nur noch bewusstlos auf der Intensivstation vorgefunden. Dort ist sie stundenlang bei ihm gesessen, hat ihm die Hand gehalten, ihm den Schweiß abgewischt, hat nachgedacht und geweint.

Sie hätte ihm noch so viel sagen wollen. Er hatte zeitlebens immer nur geschuftet und wenig Zeit für sie und ihren Bruder gehabt. Eigentlich hat sie sich ihm immer näher gefühlt als der Mutter. Aber er war nie da, und wenn er mal da war, stand die Mutter immer irgendwie dazwischen. Mutter und Vater sind immer zusammen aufgetreten. Nur selten hat sie die Gelegenheit gehabt, den Vater für sich zu haben. Wenn es ihr einmal gelang ihn zu entführen, war es stets mit einem schlechten Gewissen verbunden, als würde sie der Mutter unrecht tun. Und sie wurde das Gefühl nicht los, dass auch der Vater Angst vor der Eifersucht der Mutter hatte, so schnell hat er bei solchen Gelegenheiten darauf gedrängt, zum Kaffee wieder daheim zu sein. Die Mutter warte ja. Nun ist er tot. Liegt schon ein halbes Jahr unter der Erde. Wie es dort unten wohl aussehen mag? Sie wagt es sich kaum vorzustellen. Ihren Vater kann sie sich eigentlich nur lebend vorstellen. Auf seinem Totenbett hat er wie eine Wachsabbildung seiner selbst ausgesehen. Das war nicht ihr Papa, der dort lag, mit eingefallenen Wangen und starren Gliedern. Unfassbar, jemand, den sie, seit sie denken kann, immer als groß und stark erlebt hat, so leblos daliegen zu sehen.

Dann ist alles so schnell gegangen. Binnen vier Tagen musste alles erledigt sein. Die Einladungen an die Verwandten und Freunde drucken lassen und verschicken. Eine Todesanzeige aufgeben für diejenigen, an die sie nicht gedacht haben. Und das alles mitten in der Urlaubszeit. Bestimmt hat mehr als die Hälfte der Freunde und Kollegen des Vaters nicht rechtzeitig von seinem Tod erfahren. Das Ganze ist wie ein Film an ihr vorbeigelaufen. Sie ist mit Mutter und Bruder ganz betäubt am Grab gestanden und hat die Beileidsbekundungen der Vorbeidefilierenden entgegengenommen ...

Das Hereinstürmen der heimgekommenen Kinder reißt sie jäh aus ihren Erinnerungen. Ach je, nun hat sie die Kartoffeln zu lange im Dampfkochtopf kochen lassen. Halt! Ihr könnt doch nicht mit schmutzigen Schuhen in die Wohnung hereintrampeln! Aber es ist nicht die Zeit zum Schimpfen, die Tochter muss getröstet werden, weil die letzte Klassenarbeit total danebengegangen ist. Dabei haben sie doch so dafür zusammen gelernt! Der Sohn fühlt sich übersehen und ist absolut schlecht gelaunt. Er hat Hunger! Die zu Brei verkochten Kartoffeln steigern seine Laune auch nicht gerade.

Nach dem Essen muss der Sohn zum Fußball, die Tochter zum Flötenunterricht gefahren werden. Also keine Mittagspause, obwohl die Frau todmüde ist. Sie hat gerade eine halbe Stunde übrig, um einzukaufen, bevor die Kinder wieder abgeholt werden müssen. Wieder zu Hause, muss sie ihnen bei den Hausaufgaben helfen und nebenbei noch die Marmelade kochen, damit die Pflaumen, die sie soeben günstig eingekauft hat, nicht zu faulen beginnen. Sie muss sich konzentrieren, damit sie die richtige Menge Zucker abwiegt und die klebrige Masse sauber in die Gläser abfüllt. Aber das ständige »Mama dies und Mama das« lenkt sie immer wieder ab.

Endlich kommt ihr Mann nach Hause. Nun könnte er sich mal um die Kinder kümmern, damit sie eine kleine Verschnaufpause vor dem Abendessen hat. Aber er scheint schlecht gelaunt zu sein und verzieht sich ohne ein Wort in sein Zimmer.

Abendessen. Danach die Kinder fertig machen fürs Bett. Gott sei Dank liest ihr Mann ihnen vor, sie kann in Ruhe das Geschirr abwaschen und wegräumen. Um 22.00 Uhr treffen sie sich im Badezimmer. Er sieht müde aus, hat Ringe um die Augen. Sie sieht auch nicht besser aus. Seit zwei Monaten will sie zum Frisör und findet keine Zeit dafür. Im Spiegel sieht sie auch, dass sie das Essen in letzter Zeit zu hastig in sich hineingeschlungen hat. Schon seit dem Frühjahr hat sie sich vorgenommen, eine Woche lang heilzufasten. Aber dafür braucht sie Ruhe. Wie soll sie es im Trubel des Alltags schaffen?

Eigentlich wollte sie ihrem Mann vom Anruf ihrer Mutter erzählen und bei ihm vorsichtig anfragen, wie er darüber denkt, wenn sie ihre Mutter zu sich nähmen. Stattdessen beklagt er sich über die schlechte Auftragslage seiner Firma. Das Weihnachtsgeld werde dieses Jahr ersatzlos gestrichen und Entlassungen scheinen unvermeidlich. So gehen sie beide bedrückt ins Bett, jeder mit seinen Sorgen. In einer solchen Stimmung ist an Zärtlichkeiten nicht zu denken, obwohl sie es beide gut gebrauchen könnten. Vielleicht haben sie am Wochenende mehr Zeit füreinander ...

Ein Tag im Leben einer Frau mittleren Alters. Nichts Außergewöhnliches. Es gab an diesem Tag keine Katastrophen. Aber dennoch fühlt sie sich abends total erschöpft. Ein eigenartiger Zustand ist es, geht ihr im Bett durch den Kopf: Mitten im Trubel fühlt sie sich allein. Obwohl sie im Zentrum aller Kommunikation in ihrer Familie steht, fragt selten jemand nach, wie es ihr denn gehe. Sie hat zu funktionieren. Sie hat die Familie zu managen. Wenn sie mal krank würde oder einfach keine Lust hätte aufzustehen, würde alles zusammenbrechen. Also wird sie nicht krank und steht jeden Morgen als Erste auf, auch wenn sie manchmal lieber die Decke über den Kopf ziehen würde.

Auch ihr Mann, der neben ihr liegt, kann nicht einschlafen. Er lauscht ihrem Atem und meint, sie schläft. Er liebt seine Frau. Ihr gegenüber empfindet er eine Mischung aus Solidarität, Dankbarkeit und schlechtem Gewissen. Er weiß, mit ihr kann er durch dick und dünn gehen. Er ist ihr dankbar, dass sie die Familie so reibungslos organisiert und managt, denn er weiß, dass sie in der ehelichen Arbeitsteilung die schwerere Hälfte trägt, auch wenn sie sich nie beklagt. Wenn er auf Dienstreisen geht und sich abends im Hotelzimmer entspannt, denkt er manchmal daran, dass sie zu

Hause nun auch noch seinen Teil der Hausarbeit und Kinderbetreuung übernehmen muss.

Familienvater sein ist aber auch nicht leicht, denkt er. Natürlich liebt er seine Familie. Natürlich möchte er den Seinen alle Annehmlichkeiten des modernen Lebens gönnen. Bisher hat er es ja Gott sei Dank recht gut geschafft. Aber alles wird teurer. Die letzte Renovierung ihres Hauses war auch nicht eingeplant, musste aber sein. Dabei müssen die Hypothekenzinsen für die nächsten 15 Jahre weiterbezahlt werden. Seit die Kinder älter geworden sind, schämen sie sich vor ihren Freunden, wenn sie keine Markenartikel tragen. Die Flüge in den Urlaub gehen hart an die Grenze ihres Budgets, und an die Rückstellung fürs neue Auto will er lieber nicht denken.

Zwar hat er sich im Laufe der Jahre eine gute Position im mittleren Management erarbeitet. Aber in letzter Zeit kursieren Gerüchte, dass seine Firma an die Konkurrenz verkauft werden soll. Dann stünden massenhafte Entlassungen ins Haus. Man wird ihn zwar wegen seiner langjährigen Firmenzugehörigkeit nicht einfach so auf die Straße setzen können, sondern mit einer guten Abfindung »im gegenseitigen Einvernehmen« entlassen. Aber dann? Wer stellt heute einen 50-Jährigen neu ein? Das Arbeitsamt hat längst aufgegeben, Menschen seines Alters zu vermitteln.

Er wischt diese Katastrophenerwartungen beiseite. Eigentlich kann er doch zufrieden sein. Er hat eine so tolle Frau und so wunderbare Kinder. Leider hat er nur wenig Zeit für die Kinder übrig. Gerade mit dem Sohn würde er gerne mehr unternehmen. Dessen Fußballverein ist in dieser Saison aufgestiegen, aber er kommt nur ganz selten dazu, ihn zu den Spielen zu begleiten. Und die Tochter wird ihm zunehmend fremder, seit sie langsam in die Pubertät kommt. Bald wird sie in die Tanzschule gehen. Er kann sich gar nicht vorstellen, zum Abschlussball zu gehen. Wie eigentümlich, von der eigenen Tochter zum Tanz aufgefordert zu werden! Seit sie Kinder haben, sind sie nie mehr tanzen gegangen, obwohl seine Frau so gerne tanzt. Diese lästigen Tanzschritte, die er sich nie hat merken können.

Seine Gedanken wandern zurück zur Arbeit. Seit kurzem hat er einen jüngeren Kollegen zur Seite gestellt bekommen. Dieser ist überaus tüchtig und ehrgeizig und zeigt auch offen, was er alles besser kann. Überhaupt, mit dieser ganzen Computertechnik kommt er selbst mehr schlecht als recht zurecht. Trotz mehrerer Fortbildungskurse beherrscht ihn die Technik mehr als er sie. Und diese jungen Burschen gehen so unverschämt selbstverständlich mit den Apparaten um, als hätten sie es in die Wiege gelegt bekommen. Wer weiß, wann er zum alten Eisen abgestempelt und von einem dieser smarten Jungen ersetzt werden wird? In Bezug auf die jungen Mitarbeiterinnen ist dies schon längst geschehen, da steht er sowieso schon lange außer Konkurrenz ...

Aber nun muss er wirklich schlafen, morgen muss er wieder früh ins Büro, Mittwochskonferenz.

Wer ist die Zwischengeneration?

Nicht alt, nicht jung – aber zwischen alt und jung

Mit dem Begriff *Zwischengeneration* möchte ich Menschen im Alter zwischen etwa 40 und 60 Jahren bezeichnen. Es ist die Generation, die zwischen den eigenen Eltern und eigenen Kindern steht.

Man *fühlt* sich auch irgendwie dazwischengequetscht: Man zählt nicht mehr zu den Jungen, aber man ist auch noch nicht richtig alt. Innerlich fühlt man sich sogar noch recht jung. Aber man entdeckt bei sich schon die ersten Anzeichen des Alterns – die Gelenke ächzen, die Sehkraft lässt nach, die Haare fallen aus oder ergrauen. Vielleicht hat man beruflich und familiär erreicht, was man sich in der Jugend erträumt hat. Aber was kommt nun? Was bringt die Zukunft?

Früher, als die Lebenserwartung geringer war, gehörte man mit 40 oder 50 tatsächlich schon zu den »Alten«. Da hatte man längst seinen Platz in der Gesellschaft erobert, wurde wegen seiner Lebenserfahrung als »Weise/r« um Rat gefragt. Aber heute bleiben wir lange in einer Zwischenphase, einer Phase, die mehrere Jahrzehnte andauern kann, bis wir wirklich alt sind.

Es gibt nicht einmal einen richtigen Namen für die mittlere Generation. Wir kennen höchstens das Schlagwort der *Midlife-Crisis*: »Krise des Mittelalters« – bezeichnenderweise ein Begriff mit negativem Beigeschmack. Neuerdings spricht man auch von der *Sandwichgeneration*. Aber auch dieser Ausdruck ist negativ konnotiert. Er vermittelt das Gefühl des Eingeklemmtseins.

Und da man sich nicht positiv definieren kann, fällt man sowohl subjektiv (in seinem Identitätsgefühl) als auch objektiv (als gesellschaftliche Gruppe) »durch die Ritze«. Wer keinen Namen hat, hat auch keine Identität.

Wir sind Teil einer gesellschaftlichen Umwälzung

Die Krise, die wir in diesem Alter erleben, hat nicht nur mit der höheren Lebenserwartung von heute zu tun. Sie ist auch Teil einer großen gesellschaftlichen Umwälzung, die die Veränderung der jahrtausendealten patriarchalen Gesellschaftsordnung zum Inhalt hat.

Am deutlichsten spüren wir diese Umwälzung in der Familie, der »Keimzelle der Gesellschaft«. Hier wird das Verhältnis der Geschlechter zueinander und zu sich selbst radikal in Frage gestellt und neu definiert. Der Status des Singles gewinnt in dieser gesellschaftlichen Metamorphose an Bedeutung und fordert unser traditionelles Verständnis heraus in Bezug auf das, was wir als Lebensziel und Lebensform definieren. Aber nicht nur Singles, auch diejenigen unter uns, die sich für die Familie entschieden haben, spüren den Wind der Veränderung. Wir befinden uns gesellschaftlich auf einer Reise mit ungewissem Ziel. Diese sozialen Veränderungen spiegeln sich individuell in unserem Lebensgefühl und unserer Identität wider.

Das »Midlife« – eine persönliche und familiäre Übergangsphase

Es gibt mittlerweile viele Bücher über die Midlife-Crisis. Wenn wir darin lesen, erfahren wir vieles über die inneren Veränderungen während des Älterwerdens. Das mittlere Lebensalter ist aber nicht nur eine Zeit der Beschäftigung mit sich selbst und den Problemen des Älterwerdens. Die ausschließliche Konzentration auf die Krise des eigenen Ichs, wie die Midlife-Crisis oft verstanden wird, beschränkt sich im Grunde aber nur auf einen kleinen Teil des inneren Umbruchs. Sie befasst sich mit der narzisstischen Krise, das heißt mit der Krise im Selbstbild des Einzelnen. Diese stellt zweifellos ein wesentliches Thema in diesem Lebensalter dar.

Wenn wir uns jedoch ausschließlich mit uns selbst beschäftigen – mit unseren Falten, unserer abnehmenden Attraktivität, unserem Hormonhaushalt, unserer Angst vor dem Älterwerden und dem Tod –, dann übersehen wir die Veränderungen, die während dieses Lebensabschnitts in unseren sozialen und familiären Beziehungen stattfinden. Diese sozialen Veränderungen sind mindestens genauso interessant wie die persönlichen. Sie sind vielleicht sogar wichtiger. Darauf will ich hauptsächlich in diesem Buch eingehen.

Erwachsenwerden – ein großes Abenteuer

Das mittlere Lebensalter ist geprägt von einer dramatischen Veränderung in den Beziehungen in der Familie. In dieser Lebensphase wechseln wir von einer Generation in die nächste. Wir verlassen endgültig das Stadium des Kindseins und werden endlich erwachsen.

Denn wir werden nicht, wie viele glauben, automatisch erwachsen mit der Volljährigkeit. Viele von uns bleiben *in unserer Seele* bis zum Alter von 30 Jahren und darüber Kinder, manche noch viel länger. Solange wir uns innerlich noch nicht von unseren Eltern und Geschwistern gelöst haben, solange bleiben wir in unserem Selbstgefühl Kinder. Die Bindung zu unserer Ursprungsfamilie bleibt dann die dominierende Beziehung in uns, selbst wenn wir einen Liebespartner gefunden haben. Wir richten uns nach den Vorstellungen unserer Eltern und unserer Herkunftsfamilie. Nach außen sichtbar wird dies Noch-Kind-Sein zum Beispiel darin, dass wir finanziell von den Eltern abhängig sind, dass wir die Wäsche nach Hause zum Waschen bringen oder dass wir Weihnachten generell im Elternhaus feiern – das Fest der Familie, woraus klar ersichtlich wird, welcher Familie wir uns eigentlich zugehörig fühlen. Warum auch nicht? Es ist bequem, Kind zu bleiben. Es ist schön, die Eltern im Hintergrund zu wissen, wenn man sie braucht. – Demgegenüber ist Erwachsenwerden ein langwieriger Prozess, der mit Krisen verbunden ist.

Manchmal müssen wir regelrecht gezwungen werden, erwachsen zu werden. Dies geschieht vor allem in Lebenskrisen. Es gibt junge Menschen, die durch das Schicksal plötzlich in eine existenzielle Krise gestoßen werden. Sie müssen quasi über Nacht erwachsen werden. Wer in jungen Jahren lebensbedrohlich krank wird oder einen schweren Unfall erleidet, wird früh mit dem Tod konfrontiert. Das Gleiche gilt für diejenigen, die einen nahen Menschen verlieren, sei es ein Geschwister, einen Elternteil, einen Freund oder eine Freundin. Wenn junge Menschen früh mit Krieg, politischer Verfolgung, Diskriminierung, Vertreibung oder anderen Katastrophen konfrontiert werden, müssen sie ebenfalls schnell erwachsen werden, um der existenziellen Bedrohung begegnen zu können.

Erwachsenwerden durch den Generationssprung

Hier möchte ich über eine Form des Erwachsenwerdens schreiben, die alltäglicher ist: über das Erwachsenwerden, indem man selbst Eltern wird und indem die eigenen Eltern alt werden und sterben.

Wenn wir zum ersten Mal Eltern werden

Wenn wir selbst Eltern werden, »wechseln wir die Fronten«. Ich nenne dies *Generationssprung*. Als Eltern werden von uns ganz andere Einstellungen und Verhaltensweisen verlangt, als wenn wir kinderlos blieben. Es findet eine extreme Verschiebung in der Wahrnehmung unserer Realität und unserer Umwelt statt. Oft merken wir erst später, dass wir nie mehr die sein können, die wir waren. Manche junge Eltern erzählen beispielsweise, dass ihr gesamter Freundeskreis sich radikal verändert hat, nachdem sie ihr erstes Kind bekamen. Mit den alten Freundinnen und Freunden konnten sie sich plötzlich nicht mehr unterhalten. Umgekehrt lernten sie bald andere Eltern kennen, die in der gleichen Situation standen. Viele sehnten sich nach der Unbekümmertheit ihres alten Lebens zurück, merkten aber irgendwann: Kinder zu bekommen ist nicht bloß eine Unterbrechung in ihrem bisherigen Leben, es ist der Beginn einer neuen Lebensphase, von der es kein Zurück gibt.

Wenn Eltern älter werden

Wenn unsere Eltern älter werden, kommen wir in eine sehr interessante Lebensphase: Dann rücken sie uns plötzlich wieder näher, nachdem man sich im jungen Erwachsenenalter vielleicht voneinander entfernt oder sich gar aus den Augen verloren hat. Nun kommen wir in familiärer Hinsicht wirklich in die Zwischengeneration: Über uns haben wir die alten Eltern, unter uns die Kindergeneration.

Wenn a) wir selbst Eltern werden und b) die eigenen Eltern älter werden und sterben, werden wir mit unserer eigenen Identität konfrontiert. Wir entdecken die Ähnlichkeit mit den eigenen Eltern – etwas, was man in jungen Jahren weit von sich gewiesen hat. Gleichzeitig merken wir, wie wir vieles von uns selbst an die nächste Generation weiterreichen, unsere guten wie schlechten Eigenschaften – auch wenn wir alles anders (natürlich besser) machen wollten als unsere Eltern. Wir beginnen das komplexe Geflecht von Projektionen, Delegationen und Identifikationen zwischen Eltern- und Kindergeneration zu begreifen und merken, dass wir selbst ein Teil dieses Netzes sind.

Als Mitglied unserer Familie spüren wir, wie wir Teil eines großen Stromes sind. Darin sind wir nur eine Welle, die auftaucht und vergeht. Gleichzeitig wird uns bewusst, dass jede/r von uns als Individuum ein unverwechselbares, einzigartiges Schicksal zu leben hat, das sich von dem Schicksal der Eltern und dem der eigenen Kinder unterscheidet. Dies ist ein aufrüttelndes Erlebnis. Wir finden in diesem Prozess unseren *eigenen Platz im Leben*.

Dann stehen konkrete Aufgaben an: Die Eltern werden alt und gebrechlich, vielleicht werden sie pflegebedürftig. Wir müssen uns ihnen neu zuwenden, diesmal aber in einer völlig neuen Rolle: *Wir* sind auf einmal die Stärkeren, *wir* kennen uns in der modernen Welt besser aus, *wir* übernehmen immer mehr Aufgaben, die die Eltern nicht mehr erledigen können. Mit dieser Rollenumkehr tauchen manche alte Themen und Konflikte aus der Kindheit wieder auf. Haben wir vielleicht Rechnungen offen, die noch nicht beglichen sind? Wir sehen uns auf einmal im Konflikt zwischen Rachebedürfnis und Dankbarkeit. Genügt die eigene Liebe zu den Eltern, um ihnen die Zuwendung in dem Maß zu geben, wie sie es brauchen oder wie sie es erwarten und fordern?

Wir kämpfen unweigerlich mit Schuldgefühlen, mit gesellschaftlichen Erwartungen, mit eigenen Bedürfnissen. Darf man die Eltern in Pflege geben? Wo finden sie eine gute Betreuung? Oder sollen wir sie zu uns nehmen und selber pflegen? Wo ist die Grenze des Zumutbaren – sowohl für die Eltern als auch für uns selbst? Wie gehen wir mit der Macht um, die wir auf einmal über die eigenen Eltern haben? Wie gehen wir mit dem Gefühl der Ohnmacht um, dass wir, ohne es zu wollen, wieder so eng mit den Eltern verquickt sind? Müssen wir nach dem Erwachsenwerden der Kinder nun unser Leben nach den Eltern richten? Wann sind wir endlich wieder frei, um unser eigenes Leben zu leben?

Es sind Fragen, die wir bisher in Bezug auf unsere Kinder kannten. Aber bei Kindern konnten wir hoffen, dass sie immer selbständiger werden und eines Tages erwachsen sind. Bei unseren Eltern können wir nur mit deren Schwächerwerden und der Zunahme an Abhängigkeit rechnen. Und am Ende steht unweigerlich der Tod der Eltern. Ein schwerer Gang!

Intimität – Generativität – Integrität: Die drei wichtigsten Lebensthemen des Erwachsenenalters

Erik Erikson, einer der bedeutendsten Forscher des Lebenszyklus, ist vor allem durch seine Beschreibung der Entwicklungsphasen im Kinder- und Jugendalter bekannt geworden. Weniger bekannt sind seine Arbeiten über das Erwachsenenalter. Hier hat er drei wesentliche Entwicklungsstufen definiert, die sich jeweils mit einem Lebensthema befassen. Diese sind *Intimität, Generationsfolge/Generativität* und *Integrität.*

Intimität und Beziehungsarbeit

Dem ersten großen Thema des Erwachsenseins, der *Intimität*, begegnen wir in der Partnersuche und der Partnerschaft: Sind wir bereit, uns voll auf eine einzige Person einzulassen, oder haben wir Angst vor Nähe? Ist unsere Liebe stark genug, um einen Menschen über Jahre und Jahrzehnte hinweg, durch alle Konflikte

22

hindurch, zu lieben und zu ihm zu halten? Ist unsere Sicherheit in uns selbst und in der Beziehung gefestigt genug, um den Weg durch die Mühen, Kränkungen und Entbehrungen des Alltages zu finden?

Angst vor Nähe ist jedoch nicht nur ein individuelles Problem, sie wird auch sozial erzeugt und geprägt: In einer Welt, in der Erfolg, Jugendlichkeit und Spaßhaben (»Fun«) zu den wichtigsten gesellschaftlichen Werten erhoben werden, werden intime Beziehungen immer mehr in den Dienst kurzfristigen Vergnügens gestellt. Jeder weiß aber, dass der Spaß meist nur in den Anfangszeiten einer Beziehung, in der Zeit des romantischen Verliebtseins und der Flitterwochen das vorherrschende Gefühl darstellt. Wenn sich die Partner im Laufe der Zeit näher kommen, sind Differenzen, Konflikte, Reibungen unvermeidlich. Daran zerbrechen viele Beziehungen und Ehen, weil wir nicht gelernt haben, an einer intimen Beziehung zu arbeiten.

Die Fähigkeit beziehungsweise Unfähigkeit zur Intimität war das Hauptmotiv meiner beiden letzten Bücher, *Liebe, Treue und Verrat* und *Casablanca oder wohin die Sehnsucht dich trägt.*

Generativität – Kinder bekommen, Eltern werden

Die Etablierung einer intimen Beziehung ist auch deshalb wichtig, weil sie die Voraussetzung für die nächste Lebensstufe bildet: die *Generationsfolge*. Erikson nennt diese Stufe *Generativität*. Dieses Wort kommt aus dem Lateinischen, »generare« bedeutet »zeugen«. Wir erreichen die nächste Entwicklungsstufe, wenn wir Kinder bekommen und Eltern werden.

Eine stabile Partnerschaft ist die Grundlage für eine gute Elternschaft. Kinder brauchen neben der Befriedigung ihrer physischen Bedürfnisse vor allem Eltern, die einander als Partner lieben und achten. Wenn Eltern zusammenhalten, dann haben ihre Kinder eine gute Basis, um durch die Fährnisse des Lebens zu segeln. Eine stabile Elternbeziehung stellt so etwas wie ein seetüchtiges Boot dar, in dem die Kinder den Strom des Lebens hinunterfahren können. Eine instabile Elternbeziehung lässt das Boot schwanken, bisweilen kentern.

Das Thema der Generativität oder Generationsfolge droht in unserer Zeit immer mehr in Vergessenheit, ja sogar in Verruf zu geraten. Die Bedeutung, die eine lebenslange Partnerschaft für die Persönlichkeitsentwicklung hat, hervorzuheben bringt den Fürsprecher leicht in eine konservative, traditionalistische Ecke. Zu behaupten, dass die Erfahrung, Eltern zu sein, für die Entwicklung einer reifen Persönlichkeit notwendig sein könnte, wird in einer immer mehr von Singles und kinderlosen Paaren dominierten Welt von vielen nicht gerne gehört. Für manche ist das Thema einfach »out«. Andere fühlen sich vielleicht unangenehm berührt – wenn man unfreiwillig allein lebt oder unfreiwillig kinderlos ist, trifft einen das Thema Partnerschaft und Elternschaft an einer empfindlichen Stelle. Es könnte einen an den Mangel, der unter der Maske von Fröhlichkeit und Gut-drauf-Sein verborgen liegt, erinnern.

Eine kinderfreie oder kinderarme Gesellschaft hat aber nicht nur aus biologischer Sicht keine Zukunft, sie hat auch keine Hoffnung mehr in die Zukunft. Sie arbeitet nicht mehr auf eine bessere Zukunft für die Kinder und Kindeskinder hin, sie kann nur noch, in narzisstischer Eigenliebe eingesponnen, um sich selbst drehen. Eindrücklich ist mir nach der Reaktorkatastrophe in Tschernobyl 1986 folgender Ausspruch eines Mannes, eines hochintelligenten Menschen im mittleren Lebensalter, im Gedächtnis geblieben. Er sagte: »Ich habe keine Angst vor der Radioaktivität. Bis die wenigen radioaktiven Isotope, die über Deutschland abgeregnet sind, bei *mir* wirken, bin ich schon längst gestorben!« Er hatte keine Kinder.

Integrität und spirituelle Entwicklung

Nach alter hinduistischer Lehre besteht unser Lebenszyklus aus drei Stadien. In der Jugend ist man ein Lernender. Im jungen und mittleren Erwachsenenalter gründet man eine Familie, zieht Kinder auf und erfüllt seine gesellschaftlichen Aufgaben. Im dritten und letzten Abschnitt, nach der Geburt der Enkelkinder, legt man – Frauen wie Männer – die weltlichen Verpflichtungen nieder, übergibt sie der nächsten Generation und geht selbst auf Wanderschaft: Man geht auf die Suche nach dem Lebenssinn, nach dem höheren Selbst. Dies entspricht der Stufe der *Integrität* bei Erikson beziehungsweise der *Individuation* bei C.G. Jung.

An diesem Beispiel wird uns deutlich: Familie zu leben, unsere Funktion als Kinder *und* als Eltern (oder, wenn wir kinderlos sind, eine entsprechende elterliche Funktion etwa als Mentor, Supervisor, Lehrer) zu erfüllen, gesellschaftliche Verantwortung auch für den Fortbestand des Lebens zu übernehmen, ist ein wesentlicher Schritt auf dem Weg zur spirituellen Reife. Sie kann nicht übersprungen werden.

Unser Leben ähnelt einer Reise. Als Zwischengeneration befinden wir uns in der Mitte dieser Reise, wir schauen zurück zu den Ufern, von denen wir aufgebrochen sind, wir blicken nach vorn in die Zukunft.

Aber wohin geht die Reise? Dieses Buch soll einige Stationen auf dieser Reise aufzeigen.

Generationsarbeit und das Lebensgefühl der Zwischengeneration

Das Chaos organisieren

Wie wir im vorigen Kapitel gesehen haben, ist das mittlere Lebensalter eine Zeit voller neuer Ideen und Anregungen. Jedoch kommen wir gerade jetzt kaum dazu, uns Gedanken übers Leben zu machen. Wir haben jede Menge zu tun, müssen verschiedene Dinge gleichzeitig erledigen. Dies bringt eine Hektik und Geschäftigkeit mit sich, die an das Leben in einem Bienenkorb erinnert. Dabei steht die Hausfrau im Zentrum des ganzen »Betriebes«, den man Haushalt nennt, und muss wie ein General alles koordinieren und organisieren.

Vor allem herrscht eine Arbeit vor, die nicht auf ein klar definiertes, eingrenzbares Ziel ausgerichtet ist. Man (frau) kann sich nicht am Ende der Arbeit sagen: Das Ziel ist erreicht, die Arbeit getan. Denn diese Arbeit ist keine lineare Arbeit, mit einem Anfang und einem Ende. Vielmehr ist es eine zirkuläre Arbeit. Man läuft wie im Kreis: Wenn man einmal die Umrundung geschafft hat, fängt es von vorne wieder an. Die gerade sauber gewaschene Wäsche wird im Nu wieder schmutzig, das Geschirr muss nach jeder Mahlzeit neu gespült werden. Jeden Abend müssen die Kinder fürs Bett fertig gemacht werden, jeden Morgen für den Kindergarten oder die Schule angezogen werden. Die Kinderzimmer, die Küche, das Wohnzimmer und der Garten müssen täglich neu aufgeräumt werden.

Man fängt immer wieder von neuem an, weil man dem Leben hinterherläuft. Leben schafft Unordnung. Das einzige Mal, dass die Wohnung und der Haushalt für längere Zeit sauber und ordentlich aussehen, ist, wenn alle Familienangehörigen ausgeflogen sind – zum Beispiel, wenn die Kinder auf eine Freizeit und der Mann zu einer Tagung verreist sind. Dann kann man endlich die Ruhe genießen, dann muss man niemandem hinterherräumen, dann kann man endlich selbst die Füße auf den Tisch legen, man braucht nur seine eigene Tasse auszuspülen. Da wundert man sich, wie wenig Arbeit auf einmal der Haushalt macht, und realisiert, dass Hausarbeit mit jedem neu hinzukommenden Familienmitglied mathematisch etwa um eine Zweierpotenz wächst: Zwei Menschen machen die doppelte Arbeit, drei Personen schon das Vierfache, ein Vierpersonenhaushalt schon das Achtfache an Arbeit! Natürlich lässt sich Hausarbeit nicht in Zahlen ausdrücken, aber der Tendenz nach stimmt diese Rechnung.

Auch der Alltagsrhythmus ändert sich radikal mit zunehmender Anzahl der Personen. Wenn man allein lebt, braucht man nur seinem eigenen Rhythmus zu folgen. Abgesehen von seiner Arbeitszeit kann man aufstehen, frühstücken, Zeitung lesen, Abendessen, wann es einem passt. Je mehr Menschen aber zusammenleben, desto mehr unterschiedliche Lebens-, Schul- und Arbeitsrhythmen müssen koordiniert werden, damit sich überhaupt alle einmal sehen. Um ein gemeinsames Mittagessen beispielsweise zu organisieren, müssen viele Termine hin und her geschoben werden, damit man für eine Viertelstunde an einem Tisch zusammensitzen kann. Die Essenszubereitung muss genau »getimet« werden, damit die hungrigen Kinder und der hungrige Ehemann ihr Essen bekommen, wenn sie nach Hause kommen – denn nach dem Essen müssen sie alle zu ihren nächsten Arbeits- und Freizeitterminen weiter.

Eine klare, für alle akzeptable Struktur in ein solches Chaos hineinzubringen fordert vom zentralen Organisator eine Menge Überblick und Geduld. Er (meist *sie*) muss fähig sein, wie ein Fels in der Brandung zu stehen oder wie ein Verkehrspolizist inmitten eines vieladrigen Verkehrsknotenpunktes, um das Durcheinander um sich zu dirigieren und koordinieren.

Voll gestopft und doch leer

Dieses Zentriertsein ist das Kennzeichen vieler Hausfrauen schlechthin. Doch manchmal ist dieses Zentriertsein nur äußerlich: Es ist auf die anderen, die Familienmitglieder ausgerichtet. In Bezug auf sich selbst herrscht oft ein inneres Chaos. Die Hausfrau sieht am Ende des Tages zwar, dass es ihren Kindern und ihrem Mann gut geht, aber wie es ihr selbst geht, weiß sie oft nicht. Denn sie kommt ja erst an letzter Stelle. Ihre Bedürfnisse haben hintanzustehen. Dafür ist sie ja da, dies ist ihre Hauptaufgabe, darin besteht ihr Lebensinhalt, für die anderen zu sorgen. Einen Bankangestellten, der morgens um 9.00 Uhr am Schalter stehen und die Kunden freundlich bedienen muss – der Kunde ist ja König –, fragt ja normalerweise auch niemand, wie es ihm denn persönlich gehe.

Der Bankangestellte hat aber um 17.00 Uhr Feierabend, dann kann er nach Hause gehen und sich um seine persönlichen Bedürfnisse kümmern. Eine Hausfrau hat 24 Stunden lang Dienst. Deshalb bleiben Frauen so oft abends lange auf, auch wenn sie noch so müde sein mögen: Das sind die einzigen Stunden, in denen eine Frau für sich allein sein kann. Auch wenn sie Socken stopft oder die Wäsche bügelt, sie kann wenigstens für sich allein sein, kann ihren eigenen Gedanken nachhängen, ohne dass sie von einem Kind, das etwas von ihr will, unterbrochen wird.

Wenn sie sich nun in diesen stillen Abendstunden fragt, wie ihr Lebensgefühl ist, dann wird sie verwundert feststellen, dass es ein paradoxes Gefühl ist: Einerseits ist sie bis zum Rand voll gestopft, andererseits entdeckt sie in sich eine Leere. Die Fülle betrifft die Informationen über die anderen, die Leere sich selbst. Sie wird auf einmal sich selbst schmerzlich vermissen. Sie wird sich fragen, ob dies eigentlich das ist, was sie sich fürs Leben gewünscht hat. Ob ihr eigentliches Lebensziel darin besteht, für andere da zu sein, aber nicht für sich selbst?

Resignation

Hier taucht nun, nach dem Chaos, das zweite vorherrschende Lebensgefühl der Zwischengeneration auf: das Gefühl der Resignation. Protestieren, sich beklagen, dies tun zwar viele Hausfrauen, aber die letzte Konsequenz daraus zu ziehen, nämlich sich endlich selbst an die erste Stelle zu setzen statt an die letzte, fällt einer Frau, die gelernt hat, zuerst an andere zu denken, ungemein schwer. Die Verantwortung, die sie für ihre Kinder, ihren Mann und ihre Eltern spürt, wiegt am Ende doch schwerer als ihr eigenes Wohlergehen und ihre eigenen Sehnsüchte. So erdulden viele Frauen ihr Schicksal, und in den stillen Abendstunden stillt manch eine Frau ihre leisen Sehnsüchte bestenfalls mit einem Liebesroman, in dem das Glück der Heldin an erster Stelle steht, in dem die Romanze mit der Heirat endet. Oder sie flüchtet in eine Sucht, die sie sich erlauben kann und die ihre Umgebung ihr erlaubt: Sie trinkt ein Gläschen Wein oder Schnaps zur Entspannung, blättert im Versandkatalog, raucht die Packung Zigaretten zu Ende, genehmigt sich etwas Süßes aus dem Kühlschrank. Esssucht, Alkohol-, Nikotin- und Einkaufssucht sind die unter Hausfrauen dominierenden Suchtarten. Sie lassen sich in den Alltag einer Hausfrau am ehesten einbauen, passen noch am besten zum Stereotyp einer anständigen Frau.

Die Überlastung von Frauen in der Familie hat viele Gründe und viele Gesichter. Sie ist nicht Ausdruck einer typisch weiblichen Eigenschaft, sondern vor allem die Auswirkung einer patriarchalen Gesellschaftsordnung, die im Umbruch steht. Jede/r von uns, jedes Paar ist von dieser Umwälzung betroffen. Sie stellt die bisherige Lebensperspektive von Frauen und Männern in Frage. Damit ist auch die Zukunft der Familie ungewiss.

In den drei Kapiteln über Frauen, Männer und Singles im Hauptkapitel »Partnerschaft im mittleren Alter« werde ich später ausführlicher darauf eingehen.

Die Chancen und der Reichtum der Zwischengeneration

Wir haben gesehen: Das mittlere Lebensalter ist wohl die arbeitsintensivste Phase im Leben. Bei all den Sorgen dieser Zeit merken wir bisweilen nicht, dass es auch ein sehr reicher Lebensabschnitt ist. Es ist eine Zeit, in der wir aktiv im Leben stehen und das Leben aktiv mitgestalten. Langsam können wir es uns leisten, unseren eigenen Lebensrhythmus zu leben, weil wir innerlich unabhängiger werden von den Normen der Umwelt. Wir müssen uns nicht mehr nach Älteren, Klügeren oder Mächtigeren richten. Endlich sind wir unser eigener Herr und unsere eigene Herrin. Früher, als Kinder, waren wir angewiesen auf die Hilfe unserer Umwelt. Später, im Alter, werden wir wieder auf die Hilfe anderer angewiesen sein. Aber jetzt, im mittleren Lebensabschnitt, stehen wir mit beiden Beinen auf der Erde.

Es ist eine Zeit der Reife. Die Jugend liegt hinter uns, das Alter noch vor uns. Endlich brauchen wir uns nicht mehr zu hetzen, wir müssen keine neue Existenz aufbauen, müssen uns keinen Platz mehr an der Sonne erobern. Wir sind angekommen. Wir haben unseren Platz gefunden. Nun gilt es, diesen Platz auszufüllen, ihn mit Leben zu füllen, ihn zu genießen.

Eine große Familie

Eine uns bekannte große Familie nimmt sich viel Zeit beim Essen, vor allem an Sonn- und Feiertagen. Wo eine Mahlzeit in anderen Familien in nur einer Viertelstunde oder noch schneller abgehakt ist, kann sie bei dieser Familie zwei Stunden dauern. Die Familie hat eine große Wohnküche. Bereits vor dem Essen treffen sich dort die einen oder anderen und leisten dem oder der Kochenden Gesellschaft, helfen beim Schnipseln und Tischdecken, oder sie machen ein Gesellschaftsspiel am Tisch, bevor das Essen aufgetragen wird. Freunde kommen öfters vorbei und bleiben wie selbstverständlich zum Essen. Das Essen wird nicht hastig heruntergeschlungen, sondern gemütlich in voller Länge genossen, in mehreren Gängen, mit Pausen zwischendurch. Und während des Essens wird erzählt: von der Schule, von der Arbeit, was eben jeder erlebt hat. Es wird geplaudert und einander zugehört. Auf der langen Bank kann man es sich gemütlich machen. Das Essen wird nicht gleich abgeräumt, man kann noch lange hier und da ein Häppchen zu sich nehmen. Kinder stehen auf, gehen spielen, kommen wieder herein. Ein solches Sonntagsessen ist kein Abfüttern, sondern ein gemeinsames Familienerlebnis.

Natürlich, große Familien gibt es heute nicht mehr oft. Aber selbst wenn man nur zu dritt ist, lässt es sich ähnlich gemütlich machen. Und wenn man Freunde und Freundinnen dazu einlädt, hat man manchmal auch das Gefühl, eine große Familie zu sein.

Der Lebensstrom

In der Position zwischen den Generationen vor und nach uns spüren wir den Lebensstrom durch uns fließen. Wir nehmen die Kraft unserer Eltern dankbar an und geben unsere eigene Kraft an unsere Kinder weiter. Zu spüren, wie diese generative Kraft durch uns hindurchfließt, ist ein einzigartiges Erlebnis. Einerseits wissen wir, dass jeder von uns ein Individuum ist, das nicht austauschbar ist. Gleichzeitig fühlen wir uns als Glied einer Kette, das das Erbe unserer Familie und der Welt, in der wir leben, empfängt und weiterreicht. Darin sind wir bei aller Individualität so etwas wie ein Kanal, der vom Lebensfluss durchströmt wird, dessen Sinn darin besteht, Mittler, Vermittler zu sein – Zwischenglied.

Wir blicken auf das Gesicht unseres Kindes und sehen, wie sich hier ein neuer Mensch langsam entfaltet. Wir schauen ins Gesicht unserer Eltern und sehen, wie ihre vertrauten Gesichtszüge allmählich älter werden. Wir blicken in den Spiegel und erkennen darin Züge in unserem Gesicht, die denen unserer Eltern und unserer Kinder gleichen.

Dies alles geschieht ohne unser Zutun. Darin wird eine Dimension des Lebens sichtbar, die weit über unseren menschlichen Verstand hinausgeht. Es ist etwas, das nicht nur uns Menschen, sondern alle Lebewesen auf der Erde durchdringt und beseelt. Dieses große Etwas »Gott« zu nennen, ist gewiss nicht falsch.

Hermann Hesse hat dies in einem Gedicht so ausgedrückt:

Stufen

Wie jede Blüte welkt und jede Jugend
Dem Alter weicht, blüht jede Lebensstufe,
Blüht jede Weisheit auch und jede Tugend
Zu ihrer Zeit und darf nicht ewig dauern.
Es muß das Herz bei jedem Lebensrufe
Bereit zum Abschied sein und Neubeginne,
Um sich in Tapferkeit und ohne Trauern
In andre, neue Bindungen zu geben.
Und jedem Anfang wohnt ein Zauber inne,
Der uns beschützt und der uns hilft zu leben.

Wir sollen heiter Raum um Raum durchschreiten,
An keinem wie an einer Heimat hängen,
Der Weltgeist will nicht fesseln uns und engen,
Er will uns Stuf um Stufe heben, weiten.
Kaum sind wir heimisch einem Lebenskreise
Und traulich eingewohnt, so droht Erschlaffen,
Nur wer bereit zu Aufbruch ist und Reise,
Mag lähmender Gewöhnung sich entraffen.

Es wird vielleicht auch noch die Todesstunde
Uns neuen Räumen jung entgegensenden,
Des Lebens Ruf an uns wird niemals enden ...
Wohlan denn, Herz, nimm Abschied und gesunde!

Aus: Hermann Hesse: *Die Gedichte*,
Frankfurt/M.: © Suhrkamp Verlag 1970.

Das Altern und Sterben der Eltern

Forever young oder: Uns anfreunden mit dem Altern und Sterben der Eltern

Wann haben wir unsere Eltern zum ersten Mal kennen gelernt? Da waren wir noch klein, und die Eltern noch jung. Wie jung? 20, 30 Jahre alt?

Wie jung waren sie, als wir in ihr Gesicht schauten, den Klang ihrer Stimme hörten, die Berührung ihrer Hände spürten und uns in ihre Arme schmiegten? Die Mutter war vielleicht gerade eine aufblühende junge Frau, der Vater ein ungelenkiger Bursche, der in seinem ersten Anzug ins Geschäft fuhr. Die ersten Eindrücke im Leben sind meistens die tiefsten. Sie prägen sich wie ein Stempel in unser Bewusstsein ein.

Später sind unsere Eltern älter geworden. Sie zogen sich dezenter an, setzten möglicherweise mehr Gewicht an, das Auto wurde repräsentativer, die Wohnung größer. Aber all diese Veränderungen vollzogen sich wie im Zeitlupentempo. Und weil sie so langsam vonstatten gingen, haben wir gar nicht gemerkt, dass unsere Eltern tatsächlich älter wurden. Natürlich, *wir* wurden größer, *wir* wurden älter. Unsere Eltern aber blieben dieselben. Kinder sind von Natur aus egozentrisch eingestellt. Daher nahmen wir die Veränderungen, die sie durchmachten, kaum zur Kenntnis, ihre Midlife-Crisis nicht, auch nicht ihr Altern. Für Kinder bleiben Eltern *forever young*. Dieses irrationale Gefühl bleibt selbst dann erhalten, wenn wir später erwachsen werden.

Deshalb trifft es uns wie ein Schock, wenn wir irgendwann vor unseren Eltern stehen und erkennen: Sie sind alt geworden! Es kommt uns wie ein jäher Schnitt vor, wenn wir plötzlich sehen, dass aus unseren vermeintlich ewig jungen Eltern alte Leute geworden sind. Unglaublich! Wir fangen an nachzurechnen: Natürlich sind sie nicht mehr 20 oder 30, sondern 50, 60 oder gar 70. Rechnerisch ist alles klar. Aber der kühle Kopf, der rechnet, sagt uns etwas völlig anderes als das Gefühl.

Es ist ein seltsames Phänomen, wie uns unser Zeitgefühl täuschen kann. Die objektive, chronologische Zeit ist eine ganz andere als die subjektive. Kennen Sie auch das Gefühl, wenn Ihr jüngerer Bruder anruft und Sie zu seinem 40. oder 50. Geburtstag einlädt? Es ist ein ähnlicher Schock wie die Entdeckung des Alterns der Eltern, verbunden mit dem Gefühl einer gewissen Empörung: Wie bitte? Mein kleiner Bruder – 40? 50? Unmöglich! Er war doch eben noch ein quengelnder Knirps, der immer nur an die Hand genommen werden wollte. Wie kann er denn schon *so* alt sein?

Intimität und ewige Gegenwart

Es ist, als müsste alles, was uns urvertraut ist, ewig gleich bleiben – unsere Eltern, unsere Geschwister, unsere Spielgefährten, unsere Schulkameraden. Unsere intimen Erinnerungen scheinen wie in einem Bewusstsein eingebettet zu sein, das sich selbst als unsterblich erlebt, ebenso wie die Menschen, die wir in unser Herz geschlossen haben.

Dieses Phänomen hat mit dem liebenden Sich-Aneignen der Welt zu tun. Wenn ich einen Menschen oder einen Gegenstand lieb gewinne, nehme ich ihn in mein subjektives Bewusstseinsfeld auf, und dieses Bewusstseinsfeld ist zeitlos. Jeder Mensch kann sich nur als ein immer währendes Subjekt wahrnehmen. Mein Verstand sagt mir zwar, ich bin irgendwann gezeugt worden und ich werde irgendwann sterben. Aber das sagt mir nicht mein Gefühl. Was ich unmittelbar fühle, ist eine ewige Gegenwart.

Alles, was wir uns ins Herz schließen, wird Teil unseres Selbst. Dieses erweiterte Selbst umfasst nicht nur unsere Person, sondern auch unser unmittelbares persönliches Umfeld. Das erweiterte Selbst ist etwas äußerst Stabiles, es überdauert die Zeit, es überdauert äußere Veränderungen. Alles, was wir lieben, fällt in diese Zeitlosigkeit. Unsere innere Realität ist nicht identisch mit der äußeren Wirklichkeit.

Kommen wir zurück zu unseren Eltern. Es liegt in der Natur der kindlichen Seele, zu glauben, dass die Eltern immer und ewig für uns da sein werden. Als wir klein waren, wäre es unvorstellbar gewesen, dass sie sterben könnten. Wir brauchten sie wie die Luft zum Atmen. Es war nicht nur die körperliche Zuwendung, die Nahrung und der Schutz, die wir von ihnen erhielten. Es war auch die unsichtbare Nabelschnur der Eltern-Kind-Liebe, die uns mit ihnen verband. Aus Liebesgeschichten kennen wir, dass ein

Mensch vor Kummer sterben kann, wenn er seine Geliebte oder seinen Geliebten verliert. So ist es auch mit Kindern. Wenn sie die Eltern verlieren, verlieren sie ihre wichtigste Lebensader. Es ist, als würde man die Hauptwurzeln eines Baumes absägen.

Wir bleiben aber nicht immer Kinder. Wir wachsen auf, verlassen das Elternhaus, bauen eine eigene Existenz auf. Dabei geraten uns die Eltern oft aus dem Blick, manchmal vergessen wir sie sogar. Dennoch: Das innere Bild der Eltern, das wir in uns tragen, nehmen wir überall mit. Es ist wie ein ständiger Begleiter, der uns auf unserem Lebensweg weiterhin bewacht, tadelt, lobt, mahnt, tröstet. Und in diesem Bild bleiben unsere Eltern ewig jung.

Wenn innere und äußere Realität aufeinander prallen

Irgendwann aber bricht die Nachricht in unser Leben ein: Unser Vater oder unsere Mutter ist ernsthaft erkrankt. Wir eilen hin und finden einen schwer kranken, alten Menschen vor. Schockiert bleiben wir vor seinem Bett stehen. Ist das der kräftige Vater, der mich einst mühelos auf seinen Schultern getragen hat? Ist das die Mutter, die mich stets hingebungsvoll gepflegt hat, wenn ich als Kind krank war? Jetzt liegt sie selbst da, mit eingefallenen Wangen und wirren weißen Haaren, die ihr ins Gesicht fallen. Mit zunehmendem Alter verlieren Krankheiten ihren kurzzeitigen Charakter, Genesung wird immer unsicherer, und am Ende steht unabwendbar der Tod. Und dieser Tod trifft nicht irgendeinen Menschen. Er trifft unsere Eltern.

In solchen Augenblicken bricht unser Bild von den ewig jungen Eltern wie ein Kartenhaus in sich zusammen. Es entpuppt sich als Illusion einer heilen Welt. Der Tod steht neben uns und zischt uns ins Ohr: »Schau hin! Schau gut hin! Dein Vater, deine

Mutter wird sterben. Irgendwann hast du keinen Vater und keine Mutter mehr! Du wirst keinen mehr haben, der dich tadelt, aber auch keinen, der dich tröstet! Schau hin! Schau gut hin!«

Angst vor dem Tod der Eltern

Angst ergreift uns. Angst ist schlimmer als Schmerz. Es tut weh, wenn ein geliebter Mensch stirbt. Aber es ist die Realität. Der drohende Tod hat dagegen etwas Unwirkliches. Wir wissen zwar, dass unsere Eltern irgendwann sterben müssen, aber wir wissen nicht, wann und wie. Vielleicht überstehen sie diese akute Krankheit und werden wieder gesund. Vielleicht aber auch nicht! Angst ist das Gefühl, das uns angesichts einer existenziellen Ungewissheit überfällt. Ein Trauerfall bringt Schmerz, aber wir können darauf hoffen, dass er irgendwann vergehen wird. Angst aber nagt an unserer Seele und lässt uns nicht in Ruhe. Sie stellt immer neue bange Fragen, auf die es keine eindeutige Antwort gibt.

Weil Angst so unerträglich ist, versuchen wir vor ihr zu fliehen. Wir sprechen uns und unseren Eltern Mut zu: »Kopf hoch! Das geht schon vorbei! Morgen geht's dir wieder besser!« Wir lenken uns ab, wir scherzen: »Weißt du noch, was dein Zimmernachbar vom letzten Krankenhausaufenthalt für dummes Zeug geredet hat?«

Aber das Lachen bleibt uns im Halse stecken. Beide Seiten wissen meistens sehr wohl über den Ernst der Lage Bescheid, doch keiner wagt es, die eigene Angst und Sorge auszusprechen – aus Scham, aus vermeintlicher Rücksicht oder aus der dunklen Ahnung, wenn man das Gefürchtete ausspricht, könnte es Realität werden.

Dieses hartnäckige Verdrängen der Sterblichkeit unserer Eltern hat mit dem kindlichen Glauben zu tun, in dem wir aufgewachsen sind: »Meine Eltern werden immer für mich da sein. Ich bin klein, sie sind groß. Wenn ich etwas brauche, werden sie kommen und mir helfen. Ich kenne es nicht anders.«

Dieser kindliche Glaube war einst äußerst sinnvoll. Er gab uns das Vertrauen in die Welt. Er schützte uns vor schlaflosen Nächten, er wehrte die Gespenster ab, die uns in unseren Träumen heimsuchten. Ohne dieses Vertrauen hätten wir nie sorglos aus dem Elternhaus gehen, nie unseren Alltag bewältigen können. Die kindliche Seele besitzt so etwas wie Scheuklappen, die all die möglichen Gefahren, die das Leben mit sich bringen mag, ausblenden. (Bei Angstneurosen versagt dieser seelische Schutzmechanismus, so dass sich ein Betroffener tatsächlich keinen Fuß mehr vor die Haustür zu setzen traut.)

Wenn aber eine reale Gefahr droht, dann sind diese Scheuklappen nicht mehr sinnvoll, im Gegenteil, sie verstellen uns den Blick für die Realität. Wenn unsere Eltern wirklich alt und gebrechlich werden, wenn sie lebensbedrohlich erkranken, müssen wir uns auf die neue Situation einstellen, auch wenn sie nicht angenehm ist. Dann ist es notwendig, uns vorzubereiten auf alle Eventualitäten, auch auf die schlimmsten. Selbstverständlich müssen wir alles tun, um drohendes Unheil abzuwenden. Aber wenn der Tod an unserer Tür klopft, sollen wir ihn mit Würde empfangen und nicht so tun, als sei niemand zu Hause.

Die Vorbereitung aufs Sterben ist ein wesentlicher Entwicklungsschritt

Wenn wir uns krampfhaft an den alternden Eltern festhalten, wirkt sich das oft hinderlich für beide Seiten aus. Die Eltern können nicht in Ruhe gehen, und die erwachsenen Kinder fühlen sich nicht frei, ihren Weg ins Leben weiterzugehen.

Was bedeutet es für alternde Eltern, »in Ruhe zu gehen«? Das heißt, dass sie sich ohne Schuldgefühle und falsche Rücksichtnahme auf die Angehörigen auf das Altern und Sterben vorbereiten können.

Das Altern und das Sterben stellen, genauso wie ihr Gegenpart, die Geburt und das Aufwachsen, eine wesentliche Phase im Leben eines Menschen dar. Hier geht es nicht mehr darum, ins Leben zu treten, sondern um die Vorbereitung auf das Ende des Lebens. Man schaut zurück, zieht Bilanz. Man trauert Versäumtem nach, ist dankbar für das Erreichte. Man erntet, man trennt die Spreu vom Weizen.

Gleichzeitig bereitet man sich auf das »Nach-Leben« vor. Gleichgültig, ob wir gläubig sind oder nicht, jeder Mensch macht sich eine Vorstellung von dem, was nach dem Leben kommt. Für den einen ist es Himmel und Hölle. Ein anderer freut sich auf ein Wiedersehen mit geliebten Verstorbenen im Jenseits, ein Dritter ist froh, die Last eines beschwerlichen Lebens endlich abschütteln und sich zum ewigen Schlaf niederlegen zu dürfen. So unterschiedlich unsere Vorstellungen vom Lebensende auch sein mögen, so wesentlich ist es für jeden Einzelnen, seinen eigenen Lebensweg zu Ende zu denken und zu Ende zu gehen.

Ich stelle mir vor: Jedes Menschenleben ist ein Kunstwerk, und jedes Kunstwerk verdient es, vollendet zu werden. Es ist wichtig für den Künstler, seine letzten Pinselstriche mit Sorgfalt und Bedacht setzen zu dürfen und am Ende seinen Namen unter das Werk zu schreiben. Unabhängig davon, ob das Bild ein Meisterwerk geworden ist oder das Werk eines Dilettanten bleibt, jedes Menschenleben ist einzigartig und verdient es, würdevoll abgeschlossen zu werden.

Und so stellt auch die Vorbereitung aufs Altern und Sterben einen wesentlichen Entwicklungsschritt dar. Manche alte Menschen möchten in ihren letzten Jahren und Monaten nachholen, was sie im bisherigen Leben versäumt haben: einem früheren Liebespartner ein letztes Mal begegnen, jemanden, dem sie einmal unrecht getan haben, um Verzeihung bitten, oder einfach Zeit mit den Enkelkindern verbringen. Wer an einer schweren Krankheit leidet, genießt die Tage, die er beschwerdefrei verbringen darf. Manche ordnen ihre materiellen Verhältnisse, um ihr Lebenswerk in gute Hände übergeben zu können, während andere sich endlich etwas Besonderes wie eine Weltreise oder eine teure Anschaffung gönnen, ohne den Pfennig zweimal umdrehen zu müssen.

Wenn ein alternder Mensch die Gelegenheit nutzt, sein Leben rundum abzuschließen, dann kommt tatsächlich etwas in ihm zur Ruhe. Er findet seinen Frieden mit sich und der Welt. Er kann sein Leben mit Selbstachtung und Würde beschließen. Und er kann in Ruhe sterben.

Jeder hat seinen eigenen Stil, sein Leben zu Ende zu gehen

Jeder Mensch hat seinen individuellen Stil zu altern und zu sterben. Die meisten Menschen bleiben sich treu, auch am Ende ihres Lebens. Wer durch sein bisheriges Leben gehetzt ist, wird wahrscheinlich auch seine letzten Lebensschritte im Lauftempo zurücklegen. Wer im Leben gewohnt war, Konflikte zu verdrängen, wird jetzt nicht anfangen, alles aufzuarbeiten. Wenn wir das Leben eines Menschen als Gesamtkunstwerk betrachten und wissen, dass es eher unwahrscheinlich ist, dass aus einer realistischen Darstellung plötzlich ein abstraktes Werk wird, können wir einen alten Menschen eher lassen, sein Leben auf seine Art und Weise zu beenden.

Dies mag ein wichtiger Gesichtspunkt für die erwachsenen Kinder alter Eltern sein. Denn nicht selten neigen wir dazu, in bester Absicht unsere Eltern zu bedrängen, alles anders zu machen, als sie es gewohnt sind. Es ist nicht einfach, als Angehörige ruhig zu bleiben, wenn unsere Eltern sich zum Beispiel hartnäckig weigern, sich beizeiten nach einem geeigneten Altenheim umzuschauen, bevor sie ganz hilfsbedürftig geworden sind. Oder wenn sie sich nicht überreden lassen, ihre materiellen Verhältnisse zu ordnen, obwohl sie sonst ihren zukünftigen Erben ein Chaos hinterlassen. Oder wenn sie an ihrem Führerschein und ihrem Auto festhalten, obwohl sie schon eine Gefährdung für den Verkehr darstellen.

In solchen Zeiten ist es wichtig, uns vor Augen zu halten, dass es kein Patentrezept gibt, wie ein Mensch alt wird, und dass jeder alte Mensch seinen eigenen Stil hat, sein Leben zu Ende zu gehen. Tatsächlich können alte oder kranke Menschen – wie kleine Kinder – eigensinnig werden, bisweilen leichtsinnig und unberechenbar, manchmal gar gefährlich. Aber es ist, genau wie bei Kindern, wichtig, ihre Würde zu achten, selbst wenn man ihnen gelegentlich Grenzen ziehen muss, wenn sie sich selbst oder andere gefährden. Wie es falsch ist, Kinder zu entmündigen, so unangebracht ist es, alte Menschen zu bevormunden und ihnen ihre Würde zu rauben.

Mag sein, dass man einem alten Menschen den Führerschein wegnehmen muss, wenn er sich nicht mehr im Straßenverkehr orientieren kann. Aber vielleicht könnte man ihm sein geliebtes Auto lassen, selbst wenn es unbenutzt in der Garage stehen bleibt. Gelegentlich kann man zusammen eine schöne Spazierfahrt ins Grüne machen oder zu einem speziellen Anlass wie einem Familienfest kutschieren.

Kinder sollten ab und zu in die Haut ihrer Eltern schlüpfen und die Sache aus deren Augen anschauen: Wie würde es mir gehen, wenn ich meine Mobilität, die ich das ganze Leben geschätzt habe, auf einen Schlag verlieren würde? Wie würde es mir gehen, wenn ich das vertraute Haus oder die vertraute Wohnung samt Einrichtung verlassen und in eine fremde Einzimmerwohnung ziehen müsste, von der ich sicher sein könnte, dass sie meine letzte sein würde? Wie würde es mir ergehen, wenn ich mein ganzes Vermögen, das ich mir schwer verdient habe, oder mein Haus, das ich mit eigenen Händen erbaut habe, aus den Händen geben müsste und mich meinen Kindern materiell ausliefern würde?

Da würde von uns in manchen Dingen mehr Vernunft abverlangt, als wir es gefühlsmäßig ertragen können. Da würde mancher von uns vielleicht etwas nachsichtiger gegenüber seinen Eltern werden. Jüngere meinen oft, alte Menschen seien stur, aber sie sind nicht sturer als die meisten von uns. Sie versuchen nur zu retten, was zu retten ist, bevor ihnen alles in wohlmeinender Absicht abgenommen wird.

Gerade weil alte Menschen in vielem spüren, dass ihnen manches entgleitet und sie sich nicht mehr vollständig in der Hand haben, von der Beherrschung ihres Körpers bis hin zu ihrem Gedächtnis, halten sie an dem wenigen fest, das sie noch besitzen. Sie wollen ihr Leben würdevoll führen bis zum Ende.

Alte unerledigte Konflikte zwischen erwachsenen Kindern und ihren Eltern

Die Familie bildet eine intime Einheit

Die Familie stellt die intimste menschliche Einheit dar. Hier werden wir geboren, hier wachsen wir auf, hier ist die Basis, aus der wir in die Welt gehen. Sicher, es gibt andere Formen sozialen Zusammenseins, aber keine kommt der Familie gleich, keine kann sie ersetzen. Sicher, wir können auch allein existieren, aber einem »Einsiedler« fehlen wesentliche soziale Erfahrungen.

Die Intimität in einer Familie bringt uns Heimat, Liebe, Geborgenheit. Sie kann uns aber auch Zwietracht, Konflikt und Hass bescheren. In einer intimen Beziehung bleibt nichts verborgen. Wir werden mit all unseren guten wie schlechten Eigenschaften sichtbar, und wir bekommen alle guten und schlechten Seiten unseres Gegenübers zu spüren. Es gibt keine ideale Familie, genauso wenig, wie es die ideale Liebesbeziehung gibt. Zwischen Liebespartnern können Eifersucht und Abneigung entstehen, zwischen Geschwistern Neid und Missgunst, zwischen Eltern und Kindern Unverständnis und Ablehnung.

So sehr wir auch die schönen Seiten unserer Familie schätzen und genießen, so sehr scheuen wir uns vor den hässlichen. Aber sie gehören zusammen wie die beiden Seiten einer Medaille. Die guten Seiten unserer Familie geben uns Kraft, Zuversicht, Mut und Freude, sie bieten uns »Rückendeckung« angesichts der Widrigkeiten im Leben. Die schlechten Seiten aber schwächen uns, sie erfüllen unser Denken und Fühlen mit Misstrauen und Selbstzweifel, sie machen uns scheu, einsam und aggressiv.

Belastungen in der Familie

Wenn ein Vater schlecht gelaunt von der Arbeit kommt, spüren es alle Kinder, auch wenn sich der Vater zu beherrschen versucht. Wenn die Mutter erschöpft und depressiv den Abendtisch deckt, schmeckt auch das beste Essen nicht. Wenn Sorgen wegen Krankheit oder Arbeitslosigkeit auf der Familie lasten, läuft jeder bedrückt herum.

Eine Familie kann derartige Belastungen ausgleichen, wenn die Störungen vorübergehender Natur sind. Aber wenn sich solche Erlebnisse häufen und chronisch werden, sind irgendwann die vorhandenen Kraftreserven aufgezehrt. Die Familie wird unter der Dauerbelastung leiden. Die Familienmitglieder werden entweder in alle Richtungen auseinander laufen oder sie sind hoffnungslos miteinander zerstritten. Gewalt, Missbrauch und Sucht häufen sich.

Unter einer solchen Familienatmosphäre leiden am meisten die Kinder. Sie tragen die schlimmsten Wunden davon. Sie nehmen die negativen Energien dieses Umfeldes in sich auf, ohne dass jemand es merkt. Denn Kinder sind zäh und widerstandsfähig, sie können viel wegstecken, sie können kämpfen, sie wissen zu überleben. Nicht selten versuchen sie den Familienfrieden wiederherzustellen, indem sie beschwichtigend in einen Streit zwischen den Eltern eingreifen, mitten im Chaos den Clown spielen oder sich von einem Elternteil missbrauchen lassen.

Aber wenn sie volljährig werden, verlassen sie so schnell wie möglich das Elternhaus. Nun glauben sie sich endlich frei und befreit von der alten familiären Last. Nun wollen sie ein ganz neues

Leben anfangen – aber die alte Energie aus ihrer Ursprungsfamilie tragen sie unbemerkt immer noch mit sich.

Der junge Mensch ist ausgezogen, um die alten Geschichten aus seinem Elternhaus zu vergessen und hinter sich zu lassen. Dies mag ihm im jugendlichen Schwung der ersten Jahre auch gelingen. Unbeschwert genießt er Jahre der Freiheit. Dann aber findet er einen Lebenspartner. Mit diesem lässt er sich nieder, gründet eine neue Familie. Es entsteht eine neue intime soziale Einheit und damit auch ein neues intimes Energiefeld.

Die Wiederholung alter Familiendramen in der neuen Familie

Nun geschieht etwas Unerwartetes: Im neuen Energiefeld werden die alten Energien der Ursprungsfamilie wieder freigesetzt. Die alten Wunden brechen wieder auf. Die längst vergessenen – in Wirklichkeit aber nur verdrängten – traumatischen Erinnerungen tauchen auf und stürzen das erwachsen gewordene Kind in alte Tragödien – nunmehr in umgekehrter Rolle: nicht mehr als *Opfer*, sondern als *Täter*. Sein Liebespartner und seine Kinder werden zu neuen Opfern.

Für die Betroffenen ist das eine Katastrophe. Sie haben geglaubt, durch die Trennung vom Elternhaus die alten Traumata hinter sich gelassen zu haben. Nun merken sie, dass die negativen Kräfte nicht mehr von außerhalb kommen, sondern in ihnen selbst wohnen. Wenn sie realisieren, dass sie nicht mehr Opfer sind, sondern Täter geworden sind, suchen sie vielleicht nach therapeutischer Hilfe, um die alten traumatischen Erfahrungen aus der Kindheit zu verarbeiten und endlich abzuschließen.

Wenn wir bereit sind, uns mit dem Ursprung unseres Leides zu befassen, ist dies die erste Gelegenheit, uns intensiv mit den Eltern, wie wir sie einst als Kinder erlebt haben, auseinander zu setzen. Die Gelegenheit ist günstig, denn erstens sind wir jetzt nicht mehr unmittelbar abhängig von den Eltern. Wir können es wagen, uns schonungsloser mit ihnen zu konfrontieren. Zweitens sind wir nun in der Doppelrolle von Opfern (Kindern) und Tätern (Eltern). Wir können uns nicht mehr hinter der bequemen, unschuldigen Opferrolle verstecken, wir müssen zu unseren eigenen Verfehlungen stehen und Verantwortung für unser Tun übernehmen: Wenn wir Eltern geworden sind und unsere Kinder schlecht behandeln, können wir die Schuld nicht mehr auf unsere Eltern abwälzen. Wir beginnen zwischen Familienerbe und Eigenverantwortung zu unterscheiden. Wir beginnen uns ernsthaft zu fragen, was unsere Eltern in Wirklichkeit für Menschen gewesen sind, wie sie zu dem geworden sind, was sie sind.

Diese Arbeit an unerledigten Familienkonflikten ist ein dorniger Weg, der viel Geduld und Entschlossenheit erfordert. Manchmal benötigen wir die Hilfe eines Psychotherapeuten. Aber wir werden mit der Zeit merken, wie unsere Lebensgeschichte langsam ihren Griff löst und uns freilässt. Dann hat sich die Arbeit gelohnt.

Wir erhalten eine zweite Gelegenheit, uns mit unserer Vergangenheit zu konfrontieren, wenn unsere Eltern alt und gebrechlich werden, wenn sie pflegebedürftig werden und sterben. Dann rufen sie nach uns. Manchmal spüren wir es in uns selbst, wie es uns zu ihnen zieht, selbst wenn wir lange weit weg gewesen sind. Wir mögen uns in jungen Jahren noch so weit von unseren Wurzeln entfernt haben, wenn es ans Sterben geht – wenn die Eltern sterben oder wenn wir unserem eigenen Tod ins Auge sehen –, dann zieht es uns zurück zu den Wurzeln. Es ist, als wollte unser Leben dort aufhören, wo es begonnen hat. Vielleicht möchte unsere Seele nur in Frieden sterben. Sie kann es nur, wenn wir mit unserem Ursprung, das heißt mit unseren Eltern, Frieden geschlossen haben.

Die Schatten der Vergangenheit

Versöhnung ist ein leicht ausgesprochenes Wort. Sie ist aber schwer zu realisieren. Versöhnung geschieht nicht ohne vorherigen Kampf und Konflikt, und Frieden bedeutet nicht bloßen Waffenstillstand. Vieles, was wir als familiären Frieden und Harmonie bezeichnen, ist nur Waffenruhe, ist Resignation oder Pause vor dem nächsten Waffengang.

Nein, wenn wir wirklich Frieden und Versöhnung wollen, müssen wir uns erneut mit den Eltern auseinander setzen, wenn wir uns ihnen im Alter annähern. Dann tauchen die Schatten der Vergangenheit wieder in uns auf: in der Kindheit erlittene Verletzungen, Enttäuschungen, Zurückweisungen. Scham- und Schuldgefühle ergreifen von uns Besitz, auch die Angst vor neuen Verletzungen und neuen Missverständnissen.

»Müssen wir wirklich noch einmal die alten Wunden aufreißen? Warum lassen wir sie nicht einfach in Ruhe?« Nun, es ist vielleicht die letzte Chance, mit den Eltern klarzukommen – solange sie noch leben, solange sie noch ansprechbar und verständig sind.

»Aber wenn sie nicht auf die Vergangenheit angesprochen werden wollen? Wenn sie nicht verstehen, worum es mir geht? Sie haben mich nie verstanden, warum sollen sie es jetzt tun? Außerdem haben sie so oft bewiesen, dass sie sich nie ändern werden!« – Da sind wir schon mitten im inneren Kampf, wir haben längst mit der inneren Auseinandersetzung mit den Eltern in uns begonnen.

Auch hier ist die Gelegenheit günstig. Denn wir haben erstens nicht mehr viel Zeit, wir können die Auseinandersetzung nicht mehr lange vor uns herschieben. Der nahende Tod setzt eine endgültige Grenze. Zweitens sind wir gezwungen, uns mit unseren Eltern *real* zu konfrontieren, wenn sie krank oder pflegebedürftig werden: Operationstermine müssen festgelegt, ihre geschäftlichen Angelegenheiten in Ordnung gebracht, Pflegekräfte organisiert werden. Wir müssen uns mit der *realen* Person unserer Eltern beschäftigen, nicht nur mit unseren eigenen Erinnerungen und inneren Bildern. Und diese realen Eltern von heute sind nicht die erlebten Eltern von damals. Wir können nicht umhin wahrzunehmen, dass unsere Eltern sich verändert haben. Ja, gerade durch ihre Krankheit und ihr Leiden können sie sich binnen kurzer Zeit dramatisch verändern: in ihrem Verhältnis zu sich selbst, zum Leben und zu uns.

Ein Drittes kommt hinzu: Wir selbst sind jetzt in einer ganz anderen Rolle als früher. Früher waren wir klein und hilflos. Nun hat sich alles diametral geändert. Die Eltern sind jetzt »klein« und hilflos, wir sind auf einmal die Stärkeren, Kompetenteren und Mächtigeren. Wir verhandeln und handeln für sie, mit den Ärzten, mit Behörden, wir kümmern uns um ihr Geld und ihren Besitz.

Wie gehen wir nun als Stärkere und Mächtigere mit ihnen um? Grimmige Rachegedanken stellen sich möglicherweise ein und der Wunsch, es ihnen heimzuzahlen. Fast zeitgleich spüren wir immense Schuldgefühle und Selbstvorwürfe. Ein innerer Kampf beginnt in uns zu toben. Da schießen Erinnerungen plötzlich hoch, wie die Eltern früher grausam und verständnislos zu uns gewesen sind. Gleichzeitig tauchen Bilder der Nähe und der Liebe auf.

Während solche Erinnerungsbilder vor unserem inneren Auge vorbeihuschen, sind wir ganz konkret mit unseren Eltern beschäftigt. Vielleicht sind wir eben in diesem Augenblick dabei, sie anzukleiden. Wie sollen wir sie nun anfassen – grob, liebevoll, neutral? Wie haben sie uns damals angefasst, als wir noch klein waren und wir von ihnen angezogen wurden?

In einer solchen Situation läuft nicht bloß ein innerer Monolog in uns ab. Während wir den Elternteil anziehen und er sich von uns anziehen lässt, entwickelt sich gleichzeitig ein stummer Dialog zwischen uns, auch wenn kein Wort gesprochen wird. Zwischen uns entspinnt sich ein Gewebe aus feinsten Interaktionen, aus kaum wahrnehmbaren Gesten und Berührungen. In uns leuchten quasi Anzeigetafeln auf, auf denen das Schulden- und Guthabenkonto zwischen uns und den Eltern genau abzulesen ist.

Im Grunde sehnen sich beide Seiten nach einem erlösenden Wort, einem verständnisvollen Blick, einer liebevollen Geste, aber da liegt so viel Scham zwischen uns, so viel Nichthinschauen-Wollen, Nicht-aussprechen-Können, so viel Angst vor erneuter Zurückweisung und erneutem Missverständnis, dass jeder mit seinen Sehnsüchten und Befürchtungen allein bleibt, auch wenn man sich körperlich so nahe ist.

Also spricht man weiter über Belangloses. Man schleicht wie die Katze um den heißen Brei und hat Angst, sich die Pfote zu verbrennen. Man wartet auf den »richtigen« Augenblick – heute ist es sowieso zu spät, die Mutter ist zu müde, das Essen wartet, man will nicht die gute Stimmung verderben ...

Aber wann ist der richtige Zeitpunkt, um mit unseren Eltern über die »heißen« Themen zu sprechen, die uns unter den Nägeln brennen? Es gibt keinen richtigen Zeitpunkt. Die heißen Eisen müssen wir *jetzt* anpacken, auch wenn wir uns dabei die Finger verbrennen. Wir müssen auf den fahrenden Zug aufspringen, bevor er ganz aus dem Bahnhof hinausgefahren ist. Wir müssen mit der Mutter sprechen, bevor der Tod uns zuvorkommt.

Also springt man irgendwann einfach ins kalte Wasser: »Da ist noch etwas, was ich dir schon immer sagen wollte ...« Nun gibt es kein Zurück mehr, stotternd kommen die ersten Worte, dann sprudelt es aus uns heraus. Die jahrelang zurückgehaltenen Vorwürfe, Fragen und Zweifel wollen endlich hinaus, wollen endlich beim eigentlichen Adressaten ankommen. Die Mutter zieht zuerst die Augenbrauen hoch, sie ist überrascht, vielleicht überrumpelt. Sie hält die Luft an. Dann entfährt ihr ein Seufzer, sie atmet tief aus, wie aus Erleichterung, wie ein »Endlich! Endlich können wir miteinander ehrlich sprechen!«

Überrascht stellen wir fest: Sie reagiert diesmal nicht wie gewohnt, sie verteidigt sich nicht, sie wehrt nicht alles mit einem »Ich hab es doch nur gut gemeint!« ab. Sie geht nicht auf Gegenangriff, sondern hört uns einfach ruhig zu, ja, sie hört uns richtig zu, sie bemüht sich zu verstehen, was wir meinen. Sie geht in sich, sucht in ihrer Erinnerung nach dem damaligen Ereignis, über das wir sprechen. Sie sieht zum ersten Mal das, was sich damals ereignet hat, aus den Augen des verletzten Kindes, nicht nur aus ihren eigenen. Sie ist still, lässt das Gehörte in sich hinein, lässt es nicht mehr, wie so oft, unbeachtet vor der verschlossenen Tür, vor dem verschlossenen Herzen stehen, sondern lässt es herein und lässt es drinnen in sich wirken.

Endlich sind wir angekommen. Auf einmal merken wir: Es ist uns all die Jahre über weniger darum gegangen, sie anzuklagen. Wir wollten nur in ihr Herz hereingelassen werden. Wir haben wütende Angriffe auf das Tor gestartet, haben uns immer wieder mit aller Wucht dagegengeworfen, weil es fest verschlossen war.

Und nun macht es ganz einfach von innen auf und lässt uns eintreten. Wir treten ein, stehen drin, noch ganz staunend und ungläubig. Aber in uns wird es ruhig und friedlich. Es geschieht nichts Spektakuläres, keine Zusammenbrüche, keine herzzerreißenden Szenen, wie man sie aus dem Kino kennt. Nur ein Gefühl von Frieden, von Angekommensein, vielleicht ein wenig Angenommensein.

Die zuvor unerträglich angestaute Hitze weicht aus dem Körper. Der Atem geht wieder ruhiger. Wir schauen der Mutter in die Augen, sie schaut zurück, und wir spüren: Es ist gut. Der Sturm ist vorbei. Der Himmel klärt sich. Etwas ist anders geworden zwischen uns.

Es ist schön, wenn sich alte Konflikte auf diese Weise lösen. Manchmal braucht es länger, manchmal müssen wir mit den Eltern noch ein paar Runden drehen, bis wir eine gemeinsame Verständigungsbasis finden. Manchmal bleibt das Tor auch verschlossen und wir wissen nicht, was auf der anderen Seite passiert. Dann müssen wir Geduld haben. Vielleicht können wir aufhören, Sturm zu läuten, und setzen uns stattdessen vor die Tür hin und warten. Solange können wir darauf achten, dass wir die eigene Tür in unserem Herzen nicht verschließen, sondern angelehnt lassen.

Manche Konflikte zwischen Eltern und Kindern dauern ein Leben lang, manche bleiben auch über den Tod hinaus bestehen. Aber selbst dann können wir warten. Wie wir später noch sehen werden, endet die Beziehung zu unseren Eltern nicht mit deren Tod. Solange wir sie in unserem Herzen tragen, solange wirkt die Beziehung fort. So lange kann sie sich auch wandeln. Wenn wir wirklich an einer Versöhnung interessiert sind, wird irgendwann die innere Tür aufgehen.

Verwandlung und Weiterentwicklung der Beziehung zu den Eltern

Die Begegnung hier und jetzt

Nichts existiert außer dem ewigen Jetzt, sagen die Weisen. Es ist der *jetzige* Augenblick, der zählt. Jede neue Begegnung ist ein Neuanfang und zugleich ein neuer Abschied. Bei Kindern wie bei alten Menschen wird uns diese existenzielle Wahrheit besonders deutlich vor Augen geführt.

Speziell auf die Kinder werde ich im Kapitel »Aus Kindern werden Kids« eingehen. Hier möchte ich die Begegnung mit unseren alternden Eltern anschauen. Diese Begegnung ist besonders wichtig, weil wir oft festgefahrene Meinungen über unsere Eltern haben (und sie über uns!). Diese hindern uns daran, ihnen *im Hier und Jetzt* zu begegnen. Wenn es uns ab und zu gelingt, sie mit neuen Augen wahrzunehmen, kann sich die Beziehung binnen Sekunden radikal verändern. In diesen Augenblicken erkennen wir uns gegenseitig auf dem Grund unserer Seele – und wir erkennen uns als Kinder und Eltern.

Die abschiedliche Beziehung zu unseren Eltern

Mit dem Älterwerden erkennen wir, dass die Zeit, die wir mit unseren Eltern verbringen dürfen, begrenzt ist. Irgendwann kommt der endgültige Abschied. Dies wird ein Abschied, der grausamer und schmerzlicher sein wird als der Abschied von unseren Kindern, die erwachsen werden und von uns weggehen. Bei diesen können wir zuversichtlich sein, dass sie aufblühen und zurückkommen werden. Bei den Eltern bedeutet der Abschied Tod.

Im Bewusstsein dieser Endlichkeit können wir mit unseren Ansprüchen und Vorwürfen zurückhaltender werden. Welche Bedeutung hat es, dass wir in der Wahl unserer Freunde und unserer Wohnungseinrichtung einen anderen Geschmack haben, wenn es darum geht, an diesem lauen Frühlingstag mit der Mutter einen kleinen Spaziergang durch den Garten zu machen, nachdem sie so lange bettlägerig gewesen ist?! Wir wissen nicht, ob sie den nächsten Frühling noch erleben wird.

Noch mehr als bei unseren erwachsen werdenden Kindern müssen wir über die Jahrzehnte hinweg mühsam lernen, unsere Eltern als eigenständige Personen zu respektieren, die anders sind als wir selbst. Sie gehören zu einer anderen Generation, haben eine andere Zeitgeschichte durchlebt, mit all den dazugehörenden Katastrophen und glücklichen Zeiten.

Wenn wir älter werden, wird das Bewusstsein, dass unsere Eltern und wir in verschiedenen Generationen gelebt haben, deutlicher. Mit 40 oder 50 können wir auf unsere eigene Jugendzeit zurückblicken und uns selbst als geschichtlich bedingte und sozial geformte Zeitgenossen begreifen. Im Rückblick realisieren wir, dass unsere Eltern in ihrer Jugend zur Kriegs- und Nachkriegsgeneration gehörten, während wir eher zur 68er-Generation zählten. Wir beginnen die Relativität unserer jeweiligen Weltanschauungen zu begreifen – warum die Elterngeneration so und wir anders geworden sind und warum wir uns so bitter bekriegt haben. Die jeweiligen Wertmaßstäbe relativieren sich, wenn wir erkennen, dass sowohl wir als auch unsere Eltern sich mit den Problemen der jeweiligen Zeit auseinander gesetzt und Überlebensstrategien entwickelt, dabei aber auch Fehler begangen haben.

Wenn sich dann während des Spaziergangs unsere Blicke treffen, schauen wir in ein altes Gesicht, in dem die Spuren seiner Zeit eingegraben sind. Wir sehen eine Frau, die Zeiten der Not und des Wohlstands durchlebt hat, eine Frau, die gewiss auf ihre Art versucht hat, das Beste aus den Gegebenheiten zu machen. Wir sehen *ihre* Eltern in ihren Gesichtszügen, ihre Kindheit und Jugend, ihr Leben mit uns Kindern, ihren Erfolg und ihr Scheitern.

Und während wir hinschauen, fühlen wir uns selbst gesehen. In ihren Augen sehen wir ihre Freude an uns und ihre Enttäuschungen. Wie in einem Spiegel sehen wir, wie wir mit ihr, durch sie und gegen sie groß geworden sind. Wir sehen uns erwachsen werden, unseren eigenen Weg gehen, selber Kinder bekommen. Wir sehen, dass sie uns dabei begleitet hat, mal zustimmend, mal skeptisch, mal ablehnend. Und durch all dies hindurch sehen wir ihre Liebe und Zuneigung.

Wir sehen, dass sich hier zwei Menschen in die Augen schauen, die sich so gut kennen wie kaum einen anderen, die sich gleichzeitig in vielem fremd sind, wie zwei Inseln im Meer: so nahe – so fern. Zwei erwachsene Menschen in unterschiedlichen Phasen ihres Lebens, mit unterschiedlichen Aufgaben und Interessen, Zielen und Erwartungen.

Dieser Blick lässt alte Geschichten und Ressentiments in den Hintergrund treten. Nicht dass die alten Konflikte damit aus der Welt geschaffen wären: Unerledigtes muss weiterhin erledigt, alte Schuld muss immer noch getilgt werden. Aber im Austausch unserer Blicke schauen wir einander in die Seele und begegnen uns neu – so bin ich, so bist du. Ein neuer Anfang, zugleich ein neuer Abschied.

Und dann hören wir uns laut zueinander sagen: »Na, wie werden die Himbeeren wohl dieses Jahr werden? Was meinst du?«

Neubegegnung mit dem Vater

Es ist manchmal gar nicht so einfach, unserem Vater zu begegnen. Väter können so scheu sein, wenn es um persönliche Kontakte geht, und sie sind so selten allein anzutreffen.

Alte Paare entwickeln oft das Muster, dass beide stets zusammen auftreten. Und wenn wir genauer hinschauen, ist es meist der Vater, der nie ohne Begleitung seiner Frau auftritt. Er wirkt oft hilflos, wenn wir ihn unverhofft ans Telefon bekommen oder ihn beim Besuch allein antreffen. Die Väter früherer Generationen sind noch weniger auf persönliche Kontakte vorbereitet als die heutigen. Sobald sie aus dem vertrauten Rahmen von Beruf und Sport heraustreten, geht ihnen häufig der Gesprächsstoff aus. Also versteckt sich der Vater hinter der »Mutti«, die ja von jeher sein Sprachrohr gewesen ist. Irgendwann hat sich die Gewohnheit eingeschliffen, dass sie ihn »dolmetscht«: »Vati hat gesagt ...«, »Vati ist der Meinung ...«, und dabei sitzt er neben uns, scheinbar vertieft in seiner Zeitung. Es ist nicht einfach, solche Rollenmuster zu durchbrechen – aber es lohnt sich.

Zeiten der Intimität zwischen Vätern und ihren Kinder sind rar. Schon in der Säuglingszeit steht der Vater daneben, während die Mutter das Kind stillt. So reduziert sich der Kontakt zum Vater leicht auf kurze Hallos nach Feierabend oder am Esstisch. Kinder sind meist nie länger *allein* mit ihren Vätern zusammen. Sie achten ihn als Ernährer der Familie, als Autorität im Hintergrund, aber wenn sie etwas brauchen, wenden sie sich an die Mutter.

So wachsen Kinder auf, werden selbst erwachsen, aber in ihnen bleibt das Bild des Vaters gleich – er bleibt ein aus der Distanz Verehrter, Gefürchteter, Belächelter, nach dem man/frau sich heimlich sehnt, aber dem man sich nie zu nähern wagt.

Im Alter haben wir eine letzte Chance, dem Vater zu begegnen. Die Chancen dazu stehen gar nicht schlecht, weil die gleiche Sehnsucht nach Kontakt auch im Vater schlummert: Die meisten Väter lieben ihre Kinder, nur haben sie nie gelernt, diese Liebe zu leben. Gegenüber der *Tochter* bildet sich spätestens ab der Pubertät von Seiten vieler Väter eine Berührungsscheu, weil sie Angst vor erotischen Gefühlen gegenüber ihrer aufblühenden Tochter haben. Anstatt stolz auf die hübsche Tochter zu sein, gehen sie lieber auf Distanz oder streiten sich aus sicherer Entfernung mit ihr. Der Kontakt zum *Sohn* ist oft »männlich« geprägt, es herrscht zwischen ihnen ein eher rauer, ruppiger Ton. Intimität wird nicht verbal geäußert oder durch Kuscheln und Schmusen ausgedrückt (da spielt die Angst vor Homosexualität eine Rolle) sondern indirekt, etwa in der gemeinsamen, fast erotischen Liebe zu Autos, oder im Sport, wo männlicher Körperkontakt erlaubt ist und meistens wehtut, genauso wie beim »kräftigen Händedruck« bei der Begrüßung und zum Abschied.

Aber im Alter lockert sich bei den meisten Vätern der männliche Rollendruck. Sie sind aus der Arbeitswelt ausgeschieden, müssen nicht mehr volle Leistung erbringen, um zu beweisen, dass sie Männer sind. Ein Rentner sinkt zwar im sozialen Ansehen, aber dieses Ansehen nimmt menschlichere Züge an. Nun kann er sich leisten, mehr Gefühle zu zeigen, ohne gleich als unmännlich zu gelten. Er kann mehr Nähe, vor allem körperliche Nähe zulassen, ohne gleich in Verdacht zu geraten, irgendwelche sexuelle Absichten zu haben.

Körperliche Nähe zuzulassen ist ein großes Abenteuer zwischen erwachsenen Kindern und ihren Vätern. Es gestaltet sich manchmal wie ein Tanz zwischen zwei gleichermaßen scheuen Partnern. Die Tochter versucht den Vater in den Arm zu nehmen und erntet ein besänftigendes, neutralisierendes Klopfen auf dem

Rücken. Der Sohn gibt dem Vater die eine Hand und versucht mit seinem freien Arm den Vater zu umarmen. Dieser erduldet tapfer den Überfall, hält aber den überkreuzten Unterarm steif wie eine Schranke zwischen beiden Oberkörpern.

Körperliche Nähe ist deshalb so wichtig zwischen Vätern und ihren erwachsenen Kindern, weil gerade dieser Bereich in der Kinderzeit zu kurz gekommen ist. Väter der älteren Generation haben im Gegensatz zu den Vätern von heute ihre Kinder nicht im Arm herumgetragen, haben ihnen nicht die Windeln gewechselt, sie nicht gebadet. Sie haben all diese Aufgaben an ihre Frauen delegiert und aus der Ferne – über den Blick und über das Wort – Kontakt zu ihren Kindern gehalten. Der Körperkontakt zum Vater fehlt dagegen den Kindern, selbst wenn inzwischen 40, 50 oder 60 Jahre verstrichen sind. Die Kinderseele in ihnen sehnt sich nach der väterlichen Berührung, der väterlichen Wärme, dem väterlichen Duft.

Erwachsenen Kindern fehlt oft auch das persönliche Gespräch mit dem Vater. Den ersehnten Dialog haben sie im Kopf schon tausendmal durchgespielt, aber nie tatsächlich geführt. Gemeinsame Erinnerungen möchten ausgetauscht, alte Verletzungen geheilt, Missverständnisse ausgeräumt werden. Kinder haben mit ihren Vätern eine andere Lebensgeschichte erlebt als mit ihren Müttern, und diese Geschichte möchte einmal geschrieben, und zwar *gemeinsam* geschrieben werden, bevor das Lebensbuch endgültig zugeklappt wird.

Dafür muss man die Mutter sanft, aber bestimmt zur Seite schieben. Eine Bresche muss geschlagen werden zwischen beiden Eltern, die aneinander zu kleben scheinen, sobald die Kinder auftauchen. Man kann den Vater zu einem kleinen Spaziergang einladen, wenn die Mutter gerade beim Kochen ist. Oder wenn er etwas früher vom Mittagsschlaf aufgestanden ist, kann man sich mit ihm zu einem Kaffee hinsetzen. Auch später, etwa am Krankenlager, ergeben sich Gelegenheiten zum Gespräch, wenn man beim Vater wacht. Solche intimen Momente sind kostbar. Sie bleiben uns unauslöschlich in Erinnerung.

Neubegegnung mit der Mutter

Auch zur Mutter kann sich eine neue Beziehung im Alter entwickeln. Mütter sind, im Gegensatz zu den Vätern, meist immer da gewesen. Daher ist das Problematische hier nicht die Ferne, sondern die Nähe und die Enge. Zwischen Müttern und ihren Kindern geht es in der neuen Begegnung darum, eine gute Distanz zu finden, sich so weit voneinander zu entfernen, dass man sich in die Augen schauen kann, ohne sich gleich eingeengt zu fühlen.

Zwischen Töchtern und ihren Müttern besteht oft eine zu starke Identifikation. Ende der 60er-Jahre sprach die amerikanische Schriftstellerin Nancy Friday dieses Problem in ihrem Buch *My Mother my self,* auf Deutsch *Wie meine Mutter* zum ersten Mal öffentlich an. Die drängende Frage junger Frauen »Wer bin ich selbst, außer dass ich eine Kopie oder ein Wunschbild meiner Mutter bin?« setzte damals eine harte, ja fast verzweifelte Auseinandersetzung mit den Müttern in Gang. Wahrscheinlich ist dieser schmerzliche Prozess notwendig für die Befreiung der Töchter aus der traditionellen Frauenrolle. Wir werden in den Kapiteln über Partnerschaft und die Rolle von Frauen, Männern und Singles noch näher darauf eingehen.

Seitens der Söhne ist die Lösung aus der ödipalen Bindung nötig. In der traditionellen patriarchalen Familie war das väterliche Familienoberhaupt oft abwesend, so wuchs der Sohn unter der Obhut der Mutter und anderer weiblicher Personen wie Tanten, Großmütter und Kindermädchen auf. Dadurch bildete sich

60

im Jungen eine gebrochene männliche Identität, da er einerseits von den ihn umgebenden Frauen umschwärmt und hofiert wurde, andererseits aber als »kleiner Mann« nie echte Männlichkeit und Potenz entwickeln durfte. Er lernte daher, seiner Mutter (und anderen Frauen) den Hof zu machen, sich gleichzeitig aber vor ihren verdeckten erotischen Wünschen zu schützen. Er ging deshalb auf innere Distanz zu ihnen. Und tief im Herzen verachtete er sogar die Mutter, weil sie offenbar von ihrem Mann im Stich gelassen worden war. (Dies erklärt die Angst vor Nähe, die wir bei vielen Männern beobachten können.)

Insofern macht die Annäherung an den Vater für einen erwachsenen Sohn bereits die halbe Aussöhnung mit seiner Mutter aus, denn die Anerkennung des Vaters als den eigentlichen Partner der Mutter gibt dem Sohn seine angemessene Stellung als *Kind* wieder zurück.

Durch seine frühere Rolle als Vaterersatz ist der Sohn zu früh aus der Kindrolle geschlüpft. Er hat als Kind die Nähe seiner Mutter nie einfach genießen können. Immer standen irgendwelche verborgenen Wünsche von ihr an ihn im Wege, die er zu erfüllen hatte. Wenn er damals vor diesen Erwartungen weggelaufen ist, haben ihn stets Schuldgefühle der Mutter gegenüber geplagt. Mit der Rehabilitation des Vaters kann er sich nun gefahrlos der Mutter wieder nähern. Er kann ihre Wärme und ihre Liebe als Mutter genießen, ohne dafür etwas zurückzahlen zu müssen.

Damit verliert er seine Scheu vor ihr. Auch die heimliche Verachtung, die er ihr gegenüber immer empfunden hatte, weicht von ihm. Er kann sie nun als Mutter achten, kann dankbar anerkennen, was sie für ihn getan hat, und kann ihr die Liebe, Zuwendung und Pflege schenken, die sie nun als alte Frau braucht.

Vom Leben und Sterben

In diesem Kapitel möchte ich versuchen, den Prozess des Sterbens von innen heraus zu beschreiben, wie ihn alternde Menschen erleben mögen, damit wir Jüngeren etwas besser verstehen, was in ihnen vorgeht. (Ich stütze mich dabei auf Berichte von Menschen in der Nähe des Todes sowie auch eigene Erfahrungen mit Sterbenden.) So können wir sie auf diesem letzten, nicht einfachen Lebensabschnitt etwas besser begleiten.

Der Abschied vom Leib

Viele Texte zum Thema Sterben sind meiner Meinung nach zu optimistisch gefasst, zu positiv. Dies ist verständlich, da die Intention der meisten Texte darin liegt, den Menschen die Angst vor dem Tod zu nehmen oder den Schmerz der Trauernden zu lindern.

Zum Sterben gehört aber der Verfall unseres Leibes, sei es durch einen gewaltsamen Eingriff von außen, durch eine Krankheit oder durch das altersbedingte Versagen lebensnotwendiger Funktionen. Wir sterben, wenn unser Körper nicht mehr lebensfähig ist. Und da unser Leib unser Zuhause auf dieser Welt darstellt, können wir uns das Sterben so vorstellen, als würden wir in einem Haus wohnen, das gewaltsam zerstört wird oder von innen her langsam verfällt, bis es irgendwann so unbewohnbar geworden ist, dass die Seele es notgedrungen verlassen und nach einer anderen Bleibe suchen muss.

Der Niedergang unseres leiblichen Daseins ist meistens mit Schmerz und Trauer verbunden. Im Altern und in der Krankheit verlieren wir die Selbstverständlichkeit, mit der Kinder und junge Menschen ihren Körper bewohnen und mit ihm umgehen. Sie können springen und toben aus Leibeskräften, und wenn sie müde sind, legen sie sich zum Schlafe nieder und begrüßen am nächsten Morgen in unverbrauchter Frische den neuen Tag.

Im Alter und in der Krankheit spüren wir, dass unser Körper uns nicht mehr ganz gehorcht. Einige Funktionen verlangsamen sich, andere versagen irgendwann ihren Dienst. Wir stoßen auf körperliche Leistungsgrenzen, die wir früher nur belächelt hätten. Perioden von Wohlbefinden wechseln immer häufiger mit Phasen von Kraftlosigkeit und Krankheit ab. Wir brauchen immer mehr Zeit, um uns zu erholen.

Auch geistig geht es nicht mehr so schnell wie früher, selbst wenn wir darauf achten, hier wie im körperlichen Bereich im Training zu bleiben. Wir ermüden geistig rascher und sind überrascht, wie schnell wir bestimmte Dinge vergessen und wie schwer uns bestimmte Lern- und Merkaufgaben fallen, die unsere Kinder und Enkelkinder mit Leichtigkeit bewältigen.

Die erste und zugleich schwerste Aufgabe des Alterns und Sterbens ist daher der Abschied von unserem Leib, von unserem körperlichen Wohlbefinden, von unserer leiblichen Unversehrtheit und Integrität. Unsere einzige Behausung, der Körper, verfällt. Wir versuchen zu reparieren und zu renovieren, wo wir können, aber irgendwann werden wir in all unseren Bemühungen, fit und gesund zu bleiben, vom immer schneller voranschreitenden Verfall überholt. Es »pfeift im Haus aus allen Löchern«, es tropft vom Dach, es wird richtig ungemütlich. Aber weil es die einzige Behausung ist, die wir haben, harren wir aus, richten uns schlecht und recht ein, mit der Zeit immer schlechter.

Auch alle Hilfen und Hilfskonstruktionen, die uns von außen angeboten werden – und davon gibt es viele in unserer materiell gut ausgestatteten Welt –, helfen nur kurz und unvollkommen. Selbst die beste Behindertenwohnung, selbst die liebevollste Pflege kann nicht verhindern, dass unser Leib verfällt.

Die geistige Vorbereitung aufs Sterben

Unwillkürlich verschiebt sich unsere Aufmerksamkeit auf Nichtleibliches. Wir interessieren uns vermehrt für geistige Inhalte. Immaterielle Werte rücken in den Vordergrund. Die verstärkte Hinwendung zur Spiritualität bedeutet aber nicht nur Flucht vor dem körperlichen Verfall. Sie ist gleichzeitig eine wichtige Vorbereitung auf das Jenseits, auf den Bereich, in den wir mit dem Tod und nach ihm eintreten werden – egal, ob wir uns ihn als Nichts, als Paradies, Hölle, Fegefeuer oder Nirwana vorstellen. Die Vorstellung an sich ist bereits eine innere Vorbereitung auf diese Reise.

In unserer westlich-weltlichen Kultur werden wir bei der Vorbereitung auf diese Reise ziemlich allein gelassen. Die Medizin betrachtet es als ihre erste Pflicht, den Tod zu bekämpfen. Wenn ein Patient stirbt, versteht das der behandelnde Arzt oft als persönliches und professionelles Versagen. Und diese innere Haltung überträgt sich auf den Sterbenden. Auch dieser sieht im Tod nur die Niederlage, nicht die Vollendung des Lebens. Latente Angst, Hektik, weiße Kittel, Schutzmasken, maschinengestütztes gewaltsames Eingreifen in den Sterbeprozess prägen die Atmosphäre von Intensivstationen, in denen die meisten Menschen heute sterben. Kein Friede, kein Gebet, kein hoffnungsfrohes oder meditatives Sich-Ergeben und Sich-Hingeben, kein Zusammensein mit den Liebsten, keine Würde.

Auch die Religion hat zunehmend ihre Bedeutung verloren, sterbenden Menschen und ihren Angehörigen beizustehen und sie zu begleiten. Viele Seelsorger stehen selbst hilflos und voller Zweifel da angesichts des Todes, auch wenn Tod und Auferstehung den zentralen Inhalt der christlichen Botschaft darstellen. Oder sie überspringen den Schrecken des Todes mit der »frohen Botschaft« und negieren damit die dunkle Seite des Sterbeprozesses.

Nicht umsonst wenden sich heute immer mehr Menschen vom Christentum ab und schauen sich nach anderen Glaubensinhalten um – auch in Bezug auf die Sterbevorbereitung. Viele alte Religionen wie die aus Tibet oder Ägypten gaben den Menschen mit ihren Sterberiten das geistige Rüstzeug in die Hand, wie sie die Reise von der diesseitigen in die jenseitige Welt bewältigen können. Nachzulesen ist dies in den jeweiligen Totenbüchern.

Doch die Möglichkeiten solcher Exkursionen in fremde Traditionen bleiben beschränkt, denn wenn wir sterben, brauchen wir *hier und heute* Hilfe und Beistand. Da ist es wichtig, das gesamte Umfeld des Sterbens menschenwürdiger zu gestalten. Das Sterben daheim sollte durch eine intensive ambulante Pflege ermöglicht werden. Hospize, in denen Menschen in Frieden und Würde und mit möglichst wenig Schmerzen sterben können, müssen vermehrt angeboten werden. Mediziner und Pflegekräfte brauchen eine Ausbildung, die das Ende des Lebens nicht als medizinische Niederlage, sondern als einen natürlichen Prozess begreifen. Das Gewicht von Pflege und medizinischer Versorgung unheilbar Kranker sollte von der Lebensverlängerung um jeden Preis, die den Kranken oft entmenschlicht und ihm jede Würde raubt, mehr auf Schmerzlinderung und psychische und spirituelle Begleitung verschoben werden, damit der Sterbende die Möglichkeit erhält, sich bei vollem Bewusstsein auf den Tod vorzubereiten.

Jeder Mensch stirbt anders

Diese innere Vorbereitung auf den Tod ist ein Weg, den jeder Mensch letztlich allein gehen muss, auch wenn der Beistand von Angehörigen, Freunden, Ärzten, Pflegekräften und Seelsorgern wertvoll sein kann.

Jeder Mensch lebt anders, jeder Mensch stirbt anders. Aber es gibt einige Gemeinsamkeiten auf diesem Weg: Als Erstes muss die betreffende Person überhaupt begreifen, dass sie stirbt. Solange wir glauben, (vorerst) weiterleben zu können, meiden wir innerlich die Auseinandersetzung mit dem Tod. Wir fliehen davor. Das ist eine ganz natürliche Reaktion. Jedes Lebewesen wehrt sich bis zuletzt gegen den Tod, so stark ist der Lebensinstinkt. Aber irgendwann kommt ein jeder an den Punkt, an dem er sich dem Unausweichlichen stellen muss.

Wir kennen aus dem Trauerprozess, dass wir uns aufbäumen, dass wir laut protestieren oder verbittert kämpfen, um zu überleben. Wir klagen Gott an oder beten und betteln um Gnade, all dies gehört zur Auflehnung gegen den Tod. Dieser Kampf kann kürzer oder länger dauern, bei Menschen mit einem starken Lebenswillen kann er sich quälend in die Länge ziehen. Aber irgendwann bricht der Widerstand, irgendwann ergeben wir uns und willigen in das Unvermeidliche ein.

Die Hingabe an das Lebensende

Zu diesem Zeitpunkt sterben wir aber noch nicht. Vielmehr löst sich etwas in uns, Friede und Ruhe kehren ein. Erst mit der Einwilligung in den Tod kann man sich bewusst einlassen auf den Sterbeprozess. Es ist, als habe man sich lange an einem Felsen in der Brandung festgehalten, nun lässt man ihn los und merkt auf einmal, der Strom trägt einen, wenn man sich nicht dagegen wehrt. Man taucht in den Strom des Sterbens, der im Grund derselbe ist wie der Strom des Lebens, er kommt nur ans Ende seines Laufes, er nähert sich dem Meer, in das er münden wird.

Die vorher so furchtbare Todesangst löst sich auf und macht Platz für eine stille, unaufdringliche Heiterkeit, in der auch der Geist ganz klar wird. Man zieht Lebensbilanz: Was war gut, was war schlecht? Was habe ich im Leben erreicht, worauf kann ich stolz und dankbar sein? Wo habe ich mich schuldig gemacht, welche Fehler habe ich im Leben begangen? Wie kann ich sie wieder gutmachen? Etwas wandelt sich in unserer Haltung zu den Mitmenschen. Wir werden milder, toleranter, freigiebiger. Es gibt nichts mehr festzuhalten, weil es keinen Morgen mehr gibt. Man ordnet seinen Nachlass, lässt dabei noch einmal alle wichtigen Beziehungen vorm geistigen Auge passieren.

Die Schmerzen und die Einschränkungen durch die Krankheit oder das Altern sind immer noch da, darüber kann und darf man klagen. Man darf sogar den Schmerz hinausschreien. Gleichzeitig bedeutet es einen täglichen Kampf, das bisschen Leben, das man noch hat, in Würde zu Ende zu führen. Auch wenn der Lebensradius sich langsam so einschränkt, dass man nicht mehr aus dem Haus gehen kann, möchte man sich noch dem Lebendigen zuwenden: Freunde und Verwandte anrufen, Kinder und Enkelkinder sehen, vom offenen Fenster in die Natur hinausschauen, Musik hören, lesen. Aber auch sich in der Körperpflege nicht vernachlässigen, sich möglichst jeden Morgen anziehen oder anziehen lassen, um nicht ganz in die Rolle des Kranken zu fallen.

Wenn man in das Sterben des Leibes eingewilligt hat, braucht man seinen Körper nicht mehr als Feind zu betrachten und zu bekämpfen. Nun kann man fast mit ein bisschen Neugierde in den Körper hineinfühlen und erforschen: Wie fühlt sich mein Atmen an? Welche Gliedmaßen kann ich heute Morgen bewegen? Wie ist es schön, von der Krankengymnastin angefasst und bewegt zu werden!

Jenseits aller Schmerzen und Einschränkungen bewohnen wir immer noch unseren Leib, diesen Leib, den wir seit Anbeginn unseres Lebens kennen. Und er funktioniert immer noch. Die Organe arbeiten immer noch, auch wenn sie es mehr schlecht als recht tun. Jenseits der Schmerzen können wir uns in die Empfindungen unseres Körpers bis in die Körperzellen hineinfühlen. Dort ist eine Welt für sich, die trotz Krankheit und Verfalls sich wunderlich anfühlt, auf ihre Art einzigartig und kostbar – gerade angesichts ihrer Vergänglichkeit.

Und hin und wieder spürt man Dankbarkeit für diesen einzigartigen Körper, wie es ihn ein zweites Mal nicht auf Erden gibt. Man ist dankbar, dass er unserem Geist und unserer Seele so lange und so treu ein Zuhause geboten hat.

Wie begleitet man als Angehöriger einen Sterbenden?

Ja, wie begleitet man als Angehöriger, als erwachsenes Kind einen sterbenden Elternteil? Ich habe hierzu bereits einiges angesprochen. Hier sei nur dieser eine Punkt hervorgehoben:

Es ist wichtig, dass wir uns als Angehörige immer dessen bewusst sind, dass jeder seinen eigenen Tod stirbt, dass jeder durch seinen eigenen Sterbeprozess gehen muss. Keiner kann das dem Sterbenden abnehmen, auch wenn man ihn noch so liebt. Möglicherweise nehmen wir dem Sterbenden sogar ein Stück seiner Selbstbestimmung und seiner Würde, wenn wir meinen, wir könnten ihm die Last des Leidens abnehmen und ihn über den Verlust seines Lebens hinwegtrösten.

Es gibt ein sehr lesenswertes Buch über das Thema Altern und Sterben: *Das hohe Alter* von Lily Pincus, einer britischen Psychoanalytikerin deutsch-jüdischer Herkunft. Sie schrieb das Buch mit 83 Jahren, wenige Monate vor ihrem Tod. Lily Pincus hatte ihren geliebten Mann durch ein Krebsleiden mit 65 Jahren verloren und überlebte ihn 18 Jahre. Am Ende ihres Lebens schrieb sie: »Ich hinterlasse niemanden, dessen Leben sich durch meinen Tod sehr verändert. Als mein Mann Fritz im Sterben lag, sagte ich ihm einmal: ›Wir können dies wenigstens gemeinsam tun. Wenn meine Zeit kommt, werde ich allein sein.‹ Er antwortete: ›Ich bin nicht sicher, ob das nicht vielleicht einfacher ist.‹ Ich denke, daß ich zu verstehen beginne, was er damals gemeint hat.«

Lily Pincus' Mann meinte, es könnte vielleicht einfacher sein, allein zu sterben. Warum?

Wenn ein Mensch stirbt, hinterlässt er Partner, Freunde, Kinder und Enkelkinder, die ihm nachtrauern. Ein Kranker kämpft also nicht nur mit seiner Krankheit, er muss auch mit den Erwartungen, die an ihn gestellt werden, fertig werden. Seine Mitarbeiter im Betrieb fordern ihn zum Beispiel auf, schnell wieder gesund zu werden, da er am Arbeitsplatz dringend gebraucht werde. Seine Angehörigen haben Angst, ihn zu verlieren, und flehen ihn an, alles in seiner Macht Stehende zu tun, um wieder gesund zu werden.

Wir Menschen sind nicht nur biologische, sondern auch soziale Wesen. Nicht nur der pure Überlebenswille hält uns am Leben, sondern auch der Umstand, dass wir sozial eingebunden sind. Diese soziale Einbindung, vor allem unsere familiären Bande, gibt uns die Kraft und den Mut zum Leben. Das ist wichtig und gut. Manch einer hat eine lebensgefährliche Krankheit oder eine tiefe Depression nur überlebt, weil er fest an die Lieben gedacht hat, die auf ihn warten.

Aber es gibt auch für jeden Menschen eine passende Zeit zu sterben. Irgendwann hat sich sein Lebensauftrag erfüllt, irgendwann ist er zum Sterben reif und er ist bereit zu gehen. Wohin will er gehen? Es ist ein Land, das viel ferner liegt als das Ende der Welt. Dorthin kann er nur allein gehen, ohne Gepäck und vor allem ohne Begleitung. Er muss alles und alle hinter sich lassen. Das ist schwer, wenn man mitten im Leben steht und viele Menschen um sich hat, die in Liebe und Zuneigung mit einem verbunden sind. Wie kappt der Sterbende die Leine, wenn er reisebereit (vielleicht sogar reiselustig) oben an der Reling des Schiffes steht und winkt, aber alle, die unten am Kai stehen, untröstlich sind, weinen und ihn zur Rückkehr rufen? Wird er da nicht zögern, wird er da nicht versucht sein, seine Reise zu verschieben, obwohl er eigentlich nicht mehr bleiben will und auch ziemlich neugierig ist auf das ferne Land, das auf ihn wartet und ihn ruft?

Ich möchte hier nicht über Sterbehilfe schreiben, dazu fühle ich mich nicht kompetent. Aber ich glaube, dass die unausgesprochenen Erwartungen von Familienangehörigen einem Sterbenden das Sterben erleichtern oder aber erschweren können. Auch wenn ein Kranker nicht bei Bewusstsein ist, ist er doch über unsichtbare Kanäle mit den Menschen, die er liebt, verbunden. Gelegentlich kann unsere Liebe zu einem schwer kranken Angehörigen zum Hindernis oder zur Erschwernis für sein Sterben werden. Gelegentlich kann es ein Zeichen der Liebe sein, einen geliebten Menschen gehen zu lassen.

Es ist tief bewegend, einem Sterbenden ein letztes Mal zu begegnen, sich anzuschauen, sich die Hand zu drücken, sich zu verabschieden. Wenn wir dies im Bewusstsein des Abschiedes tun, kann es ein unvergessliches Erlebnis sein, das uns mit dem Sterbenden über den Tod hinaus verbindet.

Uns verabschieden von unseren Eltern

Noch einen letzten wichtigen Aspekt gibt es, wenn unsere Eltern von uns scheiden. Für uns Kinder sind unsere Eltern schon immer da gewesen, seit dem Tag unserer Geburt. Wir kennen es nicht anders, als dass sie immer da waren und dass sie immer für uns da sein werden, wenn wir sie brauchen. Das wichtigste Wort heißt dabei *immer*.

Als wir noch kleine Kinder waren, haben wir die Eltern wirklich existenziell gebraucht. Ohne sie wären wir gestorben. Dieses Gefühl relativiert sich zwar mit dem Größer- und Erwachsenwerden, aber es bleibt als Basis unserer Beziehung zu ihnen weiter bestehen.

Wenn nun einer unserer Eltern stirbt, bäumt sich etwas auf in uns und schreit: »NEIN! Geh nicht fort! Ich brauche dich! Ich bin dein Kind, und du sollst immer bei mir bleiben, solange ich lebe! Lass mich bitte nicht allein!« Es ist das kleine, bedürftige, existenziell bedrohte Kind in uns, das da aus uns schreit. Und dieser Schrei muss aus uns heraus. Diese Verzweiflung muss gespürt werden, bevor wir unsere Eltern wirklich loslassen können. Ein Teil von uns fürchtet sich vor der Einsamkeit und Verlassenheit eines Waisenkindes und klammert sich mit aller Kraft an den Beinen der Eltern fest. Und die Not, die dabei noch einmal spürbar wird, ist bei denen unter uns größer, die schon früh Verlust und Entbehrung erlitten haben.

Auch vom sterbenden Elternteil wird die entsprechende Antwort kommen: »Ich lasse dich nicht im Stich! Du brauchst keine Angst zu haben! Ich will immer bei dir bleiben!« Auch in ihm ist ein Teil, der uns nicht verlassen will, der uns weiter umsorgen will, der immer für uns da sein will.

Zu spüren, dass das nicht geht, tut beiden furchtbar weh.

Wenn wir merken, dass wir den Kampf gegen den Tod verlieren und den anderen loslassen müssen, stirbt auch etwas in uns. Ein Stück des Kindseins hier, ein Stück des Elternseins dort geht zugrunde. Die unbeschwerte, behütete Kindheit geht endgültig zu Ende, genauso wie das elterliche Fürs-Kind-zur-Verfügung-Stehen. Diese Lebensphase findet nun ihren Abschluss.

Künftig werden unsere Eltern vielleicht unsichtbar um uns sein. Wir werden ihre Anwesenheit hin und wieder ganz nahe spüren können. Aber ihre leibliche Nähe, ihre Berührungen, ihren Geruch, ihren Anblick werden wir für immer vermissen.

Unsere Beziehung zu den Eltern endet nicht mit deren Tod

Die Beziehung zu unseren Eltern endet nicht mit deren Tod. Wir brauchen manchmal lange, bis wir zu dieser Erkenntnis gelangen. Wer aber den Tod eines nahen Menschen schon erlebt hat, wird dies bestätigen.

Alte und neue Gefühle

Denken Sie einmal an einen früheren Liebespartner. Sie haben ihn geliebt, die Beziehung ging zu Ende. Sie trennten sich, ihre Wege gingen auseinander. Sie verloren ihn aus dem Blick. Vielleicht wissen Sie nicht einmal, wo und wie er heute lebt.

Aber wenn Sie an ihn denken, wird da nicht etwas in Ihnen wieder lebendig – Wehmut? Zorn? Sehnsucht? Die meisten Gefühle sind *alte* Gefühle, sie stammen aus den Begegnungen von damals. Aber wenn Sie genauer hinspüren, werden Sie auch *neue* Gefühle entdecken, Gefühle, die vorher nicht da waren.

Einen früheren Liebespartner, den wir lange gehasst haben, weil er uns einst verriet, sehen wir nach vielen Jahren vielleicht in anderem Licht: Womöglich erinnern wir uns an die leichten, unbeschwerten Stunden, die wir gemeinsam verbracht haben. Vielleicht erkennen wir, dass diese Beziehung damals so wichtig war, weil wir uns mit ihrer Hilfe von der depressiven Stimmung im Elternhaus befreit haben. Wir spüren so etwas wie Dankbarkeit und sind eigentlich auch froh, dass die Beziehung damals auseinander gegangen ist, weil der Partner wirklich nicht so gut zu uns passte. Heute sind wir glücklich, einen anderen, »besseren« gefunden zu haben.

Das Gefühl der Dankbarkeit ist neu. Sie war nicht da, als wir uns im Zorn getrennt haben. Sie konnte noch nicht da sein, weil wir damals noch nicht wussten, dass dieser Partner nicht gut für uns war. Wir wollten ihn – und nur ihn – haben. Heute sind wir rückblickend froh, dass es anders gekommen ist.

Es bedurfte also der Entwicklung, des langen Weges von damals bis heute, um die Beziehung von damals neu zu sehen und zu bewerten.

So geht es mit allen nahen Beziehungen, die wir haben, egal, ob es sich um Liebespartner, Freunde und Freundinnen, Eltern, Kinder oder Geschwister handelt. Intime Beziehungen, die wir einst eingegangen sind oder in die wir hineingeboren sind, führen ein Eigenleben in uns, auch wenn sie real schon längst beendet sind. Ist dies nicht ein eigenartiges Phänomen?

Menschen, die uns vertraut geworden sind, bekommen einen Platz in unserem Herzen. Wie in einem Garten schlagen sie Wurzeln, wachsen heran, blühen auf, tragen Früchte, verwelken, sterben. Aber ihre Früchte haben vielleicht Samen hervorgebracht, die überwintern und im nächsten Jahr aufgehen werden. Manche Samen kapseln sich ein, und es können Jahre vergehen, bis sie irgendwann aufgehen, wenn die Zeit für sie reif ist.

Unser Herz gleicht einem solchen Garten. Nur Beziehungen, die uns berühren, finden ihren Weg dorthin. Mit solchen nahen Beziehungen, die wir im Laufe unseres Lebens eingehen, entwickelt sich der Garten in unserem Herzen weiter. Er wird bunter, vielfältiger, einzigartiger. Und in den Herzen derer, mit denen wir eine Beziehung eingegangen sind, werden ebenfalls Samen aufgehen.

Wir sind die Gärtner in diesem Garten. Wir gehen umher, gießen, jäten, pflanzen. Jeder von uns gestaltet seinen Garten auf seine Weise. Kein Garten gleicht dem anderen. Von Zeit zu Zeit werden wir die Beete anders bepflanzen, die Fruchtfolge wechseln. Und irgendwann ist auch eine ganz neue Gestaltung des Gartens fällig. In die Jahre gekommene Bäume müssen neuen Sträuchern weichen, altes Astwerk muss verbrannt oder verkompostiert werden.

Alte Bäume müssen sterben. Der uralte Birnbaum über unserem Dorf ist vor zwei Jahren einem Frühjahrssturm zum Opfer gefallen. Es war nur der Hauptast, der abbrach, aber der Baum war so lädiert und innen schon so ausgehöhlt, dass man ihn hat ganz fällen müssen. Wir trauerten sehr um ihn, weil wir ein persönliches Verhältnis zu ihm hatten. Wir dachten, wir seien die einzigen Trauernden. Einige Wochen später begegneten wir auf dem Spaziergang dorthin einem älteren Dorfbewohner. Wir sprachen über den gefällten Birnbaum, und er bekam Tränen in die Augen. So ist der Birnbaum nicht nur ein Wahrzeichen des Dorfes gewesen, er hat auch einen Platz im Herzen mancher Menschen gefunden.

Alte Menschen müssen sterben. Auch unsere Eltern werden sterben oder sind bereits gestorben. Daran führt kein Weg vorbei. Keine anderen Menschen kannten wir so lange, keine anderen haben uns stärker geprägt als sie, im Negativen wie im Positiven, gleichgültig, ob sie an- oder abwesend waren. Ihr Dasein allein genügte, um diesen zentralen Platz in unserem Herzen einzunehmen. Ihre Existenz begründete die unsrige, ohne sie wären wir nicht.

Es gibt leichtes Erbe, es gibt schweres Erbe. Das Erbe, das wir von unseren Eltern erhalten, können wir uns nicht aussuchen. Unsere Eltern, unsere soziale Herkunft, unsere Nationalität und unsere Generation sind uns vorgegeben. Wenn unsere Eltern sterben, können wir – entgegen der gesetzlichen Regelung, die das materielle Erbe regelt – ihr geistiges, seelisches und körperliches Erbe nicht ausschlagen. Die Samen, die sie in uns gepflanzt haben, können wir nicht ausgraben und austilgen. Daraus werden schöne und weniger schöne Pflanzen hervorgehen.

Was wir aber tun können, ist, unsere Aufgabe als Gärtner ernst zu nehmen und das Beste aus der Erde und dem Pflanzenbestand unseres »Gartens« zu machen. Schöne Triebe können wir kultivieren und düngen, störende stutzen oder verpflanzen. Alle Pflanzen, schöne wie weniger schöne, sterben schließlich und werden zu Kompost, zu Erde, aus der Neues erwachsen kann.

Die ersten Reaktionen nach dem Tod der Eltern

Die erste Reaktion nach dem Tod eines lieben Menschen ist meistens Schock. Er macht uns innerlich taub und schützt uns vor der Realisation des Verlusts. Im Zustand des Schocks überstehen wir die Formalitäten des Todes: Freunde und Verwandte benachrichtigen, Anzeigen abgeben, das Grab aussuchen. Wie gut, dass es Beerdigungsinstitute gibt, die hier still und unauffällig hilfreich zur Seite stehen.

Im Schockzustand stehen wir auch am Grab, nehmen die Beileidsbekundigungen entgegen, können sogar auf dem nachfolgenden Totenschmaus fröhlich sein. Die ersten Tage und Wochen übersteht man relativ gut, da ist viel zu erledigen, man bekommt Zuwendung und Mitgefühl von vielen Seiten. Den Nachlass zu ordnen hat noch Zeit. Sofern es sich einrichten lässt, kann man erst mal alles stehen lassen und in Urlaub fahren, um auf andere Gedanken zu kommen und um sich nach all den Strapazen etwas zu erholen.

Danach nehmen wir unsere gewohnte Arbeit wieder auf, erleichtert darüber, dass das Ganze – die Arzt- und Krankenhausbesuche, das Hoffen und das Bangen, das Ende – nun endlich hinter uns liegt. Wir glauben, es überstanden zu haben.

Immer noch schiebt man aber wichtige Erledigungen vor sich her: Was soll mit dem Elternhaus geschehen? Soll man es verkaufen, vermieten oder selber beziehen? Möchte eines der Geschwister es übernehmen? Und was soll aus den Möbeln werden? Wer räumt das Haus auf?

Niemand wagt sich konkret an die Lösung dieser Fragen, obwohl alle wissen, dass es notwendig wäre. Im Grunde ist es sogar gut so. Es gehört zum Trauerprozess, dass manches Zeit braucht, bis man bereit ist, sich näher damit zu beschäftigen. Würden die

Kinder die Kleiderschränke oder das Bad der Eltern gleich nach deren Tod aufräumen, würden sie durch die persönlichen Gegenstände der Eltern unmittelbar an den unbegreiflichen Verlust erinnert werden. Die Wunde ist jetzt noch zu frisch, sie würde wieder aufbrechen und die Trauernden mit maßlosem Schmerz überwältigen.

Depression

Dann kommt die Zeit, in der wir merken, dass etwas nicht stimmt. Man wird lustloser, fühlt sich schwerer. Das Essen schmeckt nicht mehr, die Arbeit macht keinen Spaß mehr, man hat zu nichts Lust, schleppt sich durch den Tag, schläft schlecht, kommt morgens nicht aus dem Bett. Man ist ratlos.

Irgendwann fragt dann jemand: Hat das etwas mit dem Tod deines Vaters oder deiner Mutter zu tun? Die erste Reaktion ist: Nein, das habe ich gut überstanden. Nach dem Gespräch wird man doch nachdenklich: Vielleicht hat es ja wirklich was damit zu tun? Nun kommt die Zeit der Depression. Der Schock, diese gnädige Schutzdecke, ist im Laufe der Monate langsam gewichen. Nun sind wir innerlich so weit stabilisiert, dass wir beginnen können, uns *aktiv* und *bewusst* mit dem Verlust auseinander zu setzen. Und als Erstes fallen wir in die Depression.

Dies ist verständlich, denn mit den Eltern haben wir unsere tiefsten Wurzeln verloren. Wenn einem Baum die Hauptwurzeln absterben, ist seine Existenz bedroht. Er muss seine Versorgung auf andere Wurzeln umstellen, neue Wurzeln müssen nachwachsen. Auch wenn wir schon längst erwachsen sind, bieten uns unsere Eltern einen inneren Halt, einen Zufluchtsort, eine Heimatbasis, so lange sie leben. Schon ihre vertrauten Stimmen am Telefon zu hören, beruhigt und macht uns wieder sicher. Selbst wenn alle Stricke reißen, ihre Hilfe ist uns gewiss.

Nun sind aber auch diese Stricke gerissen. Und da sollen wir nicht depressiv werden? Die innere Müdigkeit und Schwere, die Lustlosigkeit und Ratlosigkeit – sie sind alle ein Zeichen dafür, dass wir eine unserer wichtigsten Lebens- und Kraftquellen für immer verloren haben. Erst jetzt merken wir, dass die Gedanken und die Gebete, die unsere Eltern einst aus der Ferne zu uns geschickt haben, uns Kraft, Sinn und Orientierung gegeben haben. Auch wenn uns ihre Nachfragen und Ratschläge manchmal lästig waren, haben sie uns damit immer wieder neu ausgerichtet, wie Eisenspäne in einem Magnetfeld. Nun ist dieses Magnetfeld zusammengebrochen, und wir wissen nicht mehr so genau, wie es mit unserem Leben weitergehen soll. Wir haben diesen Kompass verloren.

Wenn wir genau hinspüren, fühlen wir eine Art Lebensmüdigkeit. Wir wollen nicht wirklich sterben, spüren aber eine leise Todessehnsucht, gepaart mit einer Müdigkeit am Leben. Das innere Kind in uns sehnt sich nach seinen Eltern. Es will dort sein, wo sie sind, und findet sich hier im Leben nicht mehr zurecht.

Das Erbe

Zur inneren Trauer kommt die äußere Trennung von Gegenständen, die uns an die Eltern erinnern – ihre Kleider, einzelne Möbelstücke, ihr Schmuck, Dinge, die ihnen etwas bedeuteten. Jeder hinterlassene Gegenstand, den wir in die Hand nehmen, erinnert uns an Erlebnisse mit dem betreffenden Elternteil. Wenn wir ihn aus der Hand geben und in eine Schachtel legen oder in den Papierkorb fallen lassen, stirbt auch etwas in uns.

Es ist eine Trennung auf Raten. All die größeren und kleineren Schmerzen müssen sein, weil wir die abgestorbene Wurzel herausgraben und entfernen müssen, damit der Baum Platz für neue

Wurzeln und neue Erde bekommt und damit er nicht von innen her verfault.

Irgendwann müssen wir uns auch von den Gegenständen und Erinnerungsstücken trennen, die uns am stärksten mit den Eltern verbunden haben. Da spüren wir einen reißenden Schmerz in uns, der so schlimm sein kann, dass wir lieber alles wieder rückgängig machen wollen. Das betrifft zum Beispiel den Verkauf des Elternhauses (»Da bin ich doch zu Hause!«), obwohl wir wissen: Ohne die Eltern darin wird das Haus ein Geisterhaus. Doch etwas wehrt sich in uns: »Nein, ich möchte, dass meine Kinder dort aufwachsen, wo ihre Großeltern einst gelebt haben!«

Wir hängen so verzweifelt an diesen Gegenständen, weil sie einst unseren Eltern gehört haben. Diese sind nun nicht mehr da, wir können sie nicht mehr sehen, hören, anfassen. Aber diese Dinge hier, die ihnen einst gehörten, sie existieren real, wir können sie anfassen, anschauen, an unsere Wange legen. Sie sind sinnliche Erinnerungsstücke an die Eltern, die wir nicht mehr mit unseren Sinnen erfassen können, selbst wenn wir sie »übersinnlich« spüren mögen, selbst wenn wir ihnen in unseren Träumen begegnen.

Nun kommen wir an eine wesentliche Erkenntnis in Bezug auf das materielle wie immaterielle Erbe unserer Eltern. Ein Erbe soll uns nützen, nicht belasten. Das Vergangene soll das Leben fördern, nicht an die Vergangenheit binden. Ein alter Eichenschrank mag uns ein liebes Erinnerungsstück an unsere Eltern sein, aber wenn er das ganze Wohnzimmer beansprucht, dann ist er fehl am Platz, dann behindert er uns mehr, als dass er uns als Andenken dient.

Dies ist eine schmerzliche Erkenntnis. Denn ein Teil von uns möchte das Schöne im Leben erhalten, auf immer und ewig. So enden die Märchen, so soll auch die Realität sein. Aber ein zweiter Teil in uns weiß, dass die Realität anders ist. Dieser Teil ist nüchtern, rational und rechnet uns vor, dass Sentimentalitäten hier unangebracht sind. Und ein dritter Teil weiß aus früheren Verlusterfahrungen, dass wir nichts verlieren können, was uns wirklich einmal vertraut war; dass das, was wir wirklich geliebt haben, auf die Erde unseres Herzensgartens fällt wie Samen, die dort irgendwann, vielleicht erst in weiter Ferne, aufgehen und Früchte tragen werden.

Es gibt ein altes Gedicht von Theodor Fontane, das Eltern gerne ihren Kindern vorlesen:

Herr von Ribbeck auf Ribbeck im Havelland

Herr von Ribbeck auf Ribbeck im Havelland,
Ein Birnbaum in seinem Garten stand,
Und kam die goldene Herbsteszeit
Und die Birnen leuchteten weit und breit,
Da stopfte, wenn's Mittag vom Turme scholl,
Der von Ribbeck sich beide Taschen voll,
Und kam in Pantinen ein Junge daher,
So rief er: »Junge, wiste 'ne Beer?«
Und kam ein Mädel, so rief er: »Lütt Dirn,
Kumm man röwer, ick hebb 'ne Birn!«

So ging es viel Jahre, bis lobesam
Der von Ribbeck auf Ribbeck zu sterben kam.
Er fühlte sein Ende. 's war Herbsteszeit,
Wieder lachten die Birnen weit und breit;

Da sagte von Ribbeck: »Ich scheide nun ab.
Legt mir eine Birne mit ins Grab.«
Und drei Tage drauf, aus dem Doppeldachhaus,
Trugen von Ribbeck sie hinaus,
Alle Bauern und Büdner mit Feiergesicht
Sangen »Jesus meine Zuversicht«,
Und die Kinder klagten, das Herze schwer:
»He is dod nu. Wer giwt uns nu 'ne Beer?«

So klagten die Kinder. Das war nicht recht –
Ach, sie kannten den alten Ribbeck schlecht!
Der neue freilich, der knausert und spart,
Hält Park und Birnbaum strenge verwahrt.
Aber der alte, vorahnend schon
Und voll Mißtrauen gegen den eigenen Sohn,
Der wußte genau, was damals er tat,
Als um eine Birn' ins Grab er bat,
Und im dritten Jahr aus dem stillen Haus
Ein Birnbaumsprößling sproßt heraus.

Und die Jahre gehen wohl auf und ab,
Längst wölbt sich ein Birnbaum über dem Grab,
Und in der goldenen Herbsteszeit
Leuchtet's wieder weit und breit.
Und kommt ein Jung' übern Kirchhof her,
So flüstert's im Baume: »Wiste 'ne Beer?«
Und kommt ein Mädel, so flüstert's: »Lütt Dirn,
Kumm man röwer, ick gew di 'ne Birn.«

So spendet Segen noch immer die Hand
Des von Ribbeck auf Ribbeck im Havelland.

Aus: Hans Bender (Hrsg.): *Das Herbstbuch. Gedichte und Prosa*,
Frankfurt/M.: Insel-TB 1982.

Kinder und Enkelkinder

Generationssprünge

Das Leben fließt durch die Generationen wie ein Strom. Dieser Lebensstrom durchfließt uns, ohne dass wir normalerweise viel davon merken. Nur bei einschneidenden familiären Ereignissen wie Geburt und Tod wird uns plötzlich bewusst, dass sich etwas Grundlegendes verändert hat.

Das Wasser fließt in diesem Fluss nicht kontinuierlich abwärts, sondern in Stufen. Innerhalb einer Stufe geht es ruhiger zu, wir erledigen unsere Aufgaben und genießen das Leben, wie es sich gestaltet. Dann kommt auf einmal eine jähe Unterbrechung, wir stürzen einen Wasserfall hinunter, alles purzelt durcheinander. Wir wissen nicht, wo uns der Kopf steht. Erst wenn sich das Wasser beruhigt hat und wir den Sturz überlebt haben, heben wir langsam den Kopf und blicken uns um: Die Flusslandschaft um uns hat sich verändert, der Strom fließt nun breiter, majestätischer, wir sind in einen anderen Lebensabschnitt eingetreten.

Aus der Erfahrung solcher Lebensübergänge haben die Menschen aller Kulturen und Epochen versucht, die Lebensabschnitte einzuteilen, um sie zu verstehen, um sich auf sie vorzubereiten und um Sinn im Leben zu finden. Für die Überlegungen hier möchte ich die Generationsfolge als Einteilungsprinzip heranziehen. Ich nenne den Übergang von einer Generation zur nächsten einen *Generationssprung*.

Geburt und Tod

Den ersten Generationssprung erleben wir, wenn eine neue Generation von Kindern gezeugt und geboren wird. Die Kinder rücken mit einem Mal in die vorderste Reihe. Ihre Eltern, eben selber noch Kinder (wenn auch erwachsene), rücken von heute auf morgen in die Elterngeneration vor. Und ihre Eltern werden Großeltern.

All dies geschieht ruckartig, sprungartig. Der Übergang von einer Generation in die nächste findet nicht sanft und kontinuierlich statt, man bewegt sich nicht langsam in die Elternschaft, sondern wird ganz plötzlich hineingestellt, wie ins kalte Wasser, wenn sich ein Kind ankündigt.

Die Geburt ist meist ein freudiges Ereignis. Wenn die Begleitumstände stimmen, fühlen alle Beteiligten einen frischen Schub an Lebenskraft und Lebensfreude. Wohl nirgendwo sonst im Leben passt das Wort *Glück* so gut zu den Gefühlen, die wir angesichts neuen Lebens empfinden. Nichts gibt uns ein solches Gefühl umfassenden Glücks, als wenn wir ein kleines Kind aufwachsen sehen, wenn wir zuschauen können, wie es schläft, aufwacht, seine Finger entdeckt und daran nuckelt, die Glieder streckt und dehnt, seine Umwelt ertastet, erschmeckt und erschaut. Nur die sexuelle Erfüllung schenkt uns ein vergleichbares

Erlebnis – vielleicht ist dies nicht zufällig, da beides, Sexualität und Geburt, in unmittelbarer Beziehung zueinander stehen.

Einen Generationssprung ganz anderer Art erleben wir, wenn eine ältere Generation stirbt. Dann geht auch ein Ruck durch die Generationsreihe. Die Verstorbenen hinterlassen plötzlich eine Lücke, die sich größer anfühlt als der Verlust einer einzelnen Person. Die Vertreter der mittleren Generation spüren auf einmal, wie die Stütze aus dem Hintergrund verschwindet. Die Rückendeckung, die ihnen ihre Eltern geboten haben, wie alt und gebrechlich sie auch gewesen sein mögen, fällt auf einmal weg. Hinter ihnen tut sich gähnende Leere auf. Nun stehen sie allein an vorderster Front und können nicht mehr bei ihren Eltern Zuflucht finden. Sie befinden sich nicht mehr in »sicherer« Position, in der Mitte der Generationsreihe, sondern am Rande, jenseits dessen der Tod wartet.

Geburt und Tod sind die Eintritts- und Austrittspforten des Lebens. Sie bilden zugleich die Grenzsteine, die eine Generation von der nächsten trennen. Wie Meilensteine markieren sie unsere Generationsstufen.

Geburt und Tod sind etwas hoch Dramatisches, zugleich aber etwas ganz Natürliches. Ich habe es in einem früheren Buch bereits erwähnt: Als unser alter Nachbar verstarb, sagte unsere damals dreijährige Tochter: »Jetzt ist er auf den Kompost gekommen!« Sie war es gewohnt mitzuerleben, wie alles, was in Küche und Garten als organischer Abfall anfällt, auf dem Komposthaufen landet, aus dem im nächsten Jahr neue Erde entsteht.

Die Kindergeneration

Was wir bei den Generationssprüngen erleben, ist für jede Generation unterschiedlich. Fangen wir bei der jüngsten Generation an.

Als jüngster Spross seiner Familie kommt ein neugeborenes Kind automatisch in eine Position, in der alle möglichen Erwartungen, positive wie negative, an es gestellt werden. Ein Kind wirkt für seine Umwelt wie ein frisches, unbeschriebenes Blatt, auf das jeder seine Wünsche eintragen kann, ganz so wie die Feen im Märchen *Dornröschen*.

Dornröschen

Zu Dornröschens Geburtsfest wurden zwölf Feen (»weise Frauen«) eingeladen. Sie gaben ihm alle möglichen Segenswünsche: Die Erste wünschte ihr Schönheit, die Nächste Reichtum, die Dritte Tugendhaftigkeit usw. Da trat plötzlich die 13. Fee herein, die nicht eingeladen worden war, und verfluchte das Mädchen: An seinem 15. Geburtstag solle es sich an einer Spindel stechen und tot umfallen. Alle waren entsetzt, doch da trat die zwölfte Fee vor, die ihren Wunsch noch nicht gesagt hatte. Sie konnte den Fluch nicht aufheben, aber sie konnte ihn abmildern: Die Königstochter solle nicht sterben, wenn sie sich sticht, sondern nur in einen 100 Jahre andauernden Schlaf versinken.

Ähnlich wie bei Dornröschen sieht es bei den meisten Kindern aus: Wenn sie nach der Geburt in der Wiege liegen, kommen Freunde und Verwandte herein und schauen zu ihnen in ihr Bettchen herab. Sie alle geben dem Kind bewusste oder unbewusste Wünsche mit auf den Weg, Segenswünsche und Flüche, Hoffnungen und böse Ahnungen. Wenn ein Kind als Hoffnungsträger gesehen wird, bekommt es positive Erwartungen in die Wiege gelegt. Ein solches Kind wird zum Sonnenschein der Familie. Alle freuen sich, wo immer es hinkommt. Jeder erwartet, dass ihm alles im Leben gelingen wird.

Wird ein Kind umgekehrt von seiner Familie als Fluch, als

Last oder gar als Fortsetzung einer unseligen Tradition (zum Beispiel des schwarzen Schafes der Familie) angesehen, wird es zur Projektionsfläche für negative, abgelehnte Anteile der Familie. Ihm wird ein unglücklicher Lebensweg vorgezeichnet. Böse Ahnungen begleiten es in die Zukunft.

Um solche negative oder positive Attribute zu erhalten, reicht es manchmal schon, dass man sagt, das Kind sähe aus wie »die dicke Oma«. Dann braucht man sich nicht zu wundern, wenn es später viel isst und ein pummeliges Kind wird. Oder man gibt dem Kind den Namen eines Onkels, der im Krieg gefallen ist. Dann erwartet man beispielsweise von ihm, dass es die hoffnungsvolle, aber abgebrochene Karriere des Onkels als Musiker fortsetzt, selbst wenn seine Talente ganz woanders liegen.

Man nennt solche klar definierten Erwartungen *Aufträge*, die das Kind ausführen soll. Man *projiziert* eigene Anteile ins Kind, gute und schlechte, erwünschte und befürchtete. (»Hoffentlich wird er nicht so schlampig wie sein Vater.«) Man identifiziert es mit dem einen oder anderen Mitglied der Familie oder mit einem ganzen Familienzweig. (»Er ist ganz nach der mütterlichen Seite geraten und wird auch ein Tunichtgut werden.«)

Solche in die Wiege gelegten Erwartungen sind unvermeidbar. Viele davon sind unbewusst und unbeabsichtigt. Manchmal erschreckt man, wenn man merkt, dass das Kind mit einem bösen Fluch beladen wurde, und möchte es ungeschehen machen – wie der Vater von Dornröschen, der sein liebstes Kind vor dem Unglück bewahren wollte und alle Spindeln in seinem Reich verbrennen ließ. Aber umsonst: Wie zufällig findet Dornröschen an seinem 15. Geburtstag den Weg in einen alten Turm und entdeckt dort eine alte Frau, die gerade Flachs spinnt. Das Mädchen hat – dank der Vorsichtsmaßnahme des Vaters – noch nie in seinem Leben eine Spindel gesehen. Sie ist fasziniert davon, nimmt sie in die Hand, sticht sich in den Finger, fällt hin und versinkt in einen totenähnlichen Schlaf.

Alle Vorsichtsmaßnahmen sind umsonst, Aufträge und Erwartungen sind unvermeidbar, sie sind, wie unser konstitutionelles und soziales Erbe, eine Gabe auf unserem Lebensweg. Die einen Gaben sind ein Segen, sie ebnen uns den Weg wie Siebenmeilenstiefel, die anderen sind wie eine schwere Last, an der wir lebenslang schleppen.

Hans im Glück

Aber auch Gold kann uns auf die Schultern drücken wie Steine. Das lehrt uns *Hans im Glück*, ein höchst merkwürdiges, ja eigensinniges Märchen. Da hat Hans sieben Jahre bei seinem Herrn treu gedient und bekommt zum Lohn einen Klumpen Gold, so groß wie sein Kopf. Auf dem Weg nach Hause trägt er aber immer schwerer daran und trifft einen Reiter, der auf seinem Pferd beschwingt dahertrabt. Der Reiter tut Hans den Gefallen und tauscht ihm das Pferd gegen den Klumpen Gold. Das Pferd wirft Hans herunter, er tauscht es gegen eine Kuh um. Die Kuh gibt ihm keine Milch, weil sie zu alt ist, also tauscht er sie gegen ein Schwein. Das Schwein könnte Diebesgut sein, er bekommt eine Gans dafür. Die Gans tauscht er gegen einen Schleifstein um, weil er als Scherenschleifer gutes Geld verdienen könnte. Der Schleifstein wird ihm zu schwer, wie vorher das Gold. Er fällt ihm in einen Brunnen, als er gerade trinken will. Hans springt auf vor Freuden, dankt Gott auf den Knien, dass dieser ihn von der schweren Last befreit hat. »›So glücklich wie ich‹, rief er aus, ›gibt es keinen Menschen auf der Sonne.‹ Mit leichtem Herzen und frei von aller Last sprang er nun fort, bis er daheim bei seiner Mutter war.«

Auch wenn wir uns wundern mögen, was Hans doch für ein Dummkopf ist, dass er einen riesigen Klumpen Gold, so groß wie sein Kopf, heruntertauscht bis zu einem abgewetzten Schleifstein, sollten wir uns den letzten Satz im Märchen noch einmal zu Gemüte führen: »Mit leichtem Herzen und frei von aller Last sprang er nun fort ...« Hans hatte tatsächlich am Ende keine Last mehr, er war frei. Auch ein Klumpen Gold kann zur Last werden. Die Kinder von Millionären sind oft nicht die glücklichsten Menschen. Sie haben alles, was das Herz begehrt, aber genau das macht sie wunschlos und unglücklich.

Es sind häufig die Härten im Leben, die uns stärken. Schwere Schicksalsschläge können einen Menschen aus der Lethargie aufrütteln, Not macht erfinderisch. Was wir als Kinder auch für positive wie negative Erwartungen und Aufträge mitbekommen haben, es liegt an uns, etwas daraus zu machen. Wir sind nicht bloß Sklaven unseres Schicksals. Erst in der Auseinandersetzung mit dem, was wir in die Wiege gelegt bekommen haben, bildet sich unser Selbst.

Das ist auch das, was Dornröschen von Hans im Glück unterscheidet. Dornröschen erleidet zunächst sein böses Schicksal und erfreut sich am Schluss eines ihm gnädigen Schicksals. Aber als aktives, handelndes Subjekt ist es im Märchen gar nicht vorhanden. Selbst seine Schönheit, die den Prinzen zum erlösenden Kuss veranlasst, ist ihm in die Wiege gelegt worden. Es war am Ende alles unverdientes Glück. Daher bleibt Dornröschen das ganze Märchen hindurch merklich blass und unlebendig.

Hans hingegen nimmt sein Schicksal in die eigene Hand. Selbst wenn es stimmt, dass er von den Menschen, die ihm auf dem Weg begegnet sind, übers Ohr gehauen wurde: Jeder Tausch war ihm gemäß. Er wandelte das Alte, was er bei sich hatte, so um, dass das Neue ihm gefiel und ihn erfreute. Die bürdelose Freiheit, die er am Ende hatte, war genau das, was zu ihm passte. Er sprang vergnügt seines Weges, im Vertrauen, dass ihm weiterhin Gutes zustoßen wird. Was kann man einem Menschen Besseres wünschen?

So verhält es sich auch mit dem Erbe und den Erwartungen, die die Kindergeneration von ihren Eltern und ihrer Familie erhält. Sie können Segen sein, sie können Fluch sein, aber das, worauf es ankommt, ist, was die Kinder im Laufe ihres Lebens daraus machen. An manchen Herausforderungen des Schicksal werden sie scheitern, an anderen werden sie wachsen.

Die Elterngeneration

Wir bleiben lange im Kinderstatus, im Grunde bis zum Zeitpunkt, an dem wir selbst Kinder bekommen. Bis dahin befinden wir uns noch am unteren Ende der Generationsreihe. Im alten China bekamen Kinder am Neujahrstag von jedem Erwachsenen aus dem Verwandten- und Freundeskreis eine rote Geldtüte geschenkt. Auch wenn sie längst erwachsen waren, bekamen sie Geldtüten, solange sie noch nicht verheiratet waren und keine Kinder hatten. So blieben sie, gesellschaftlich wie symbolisch gesehen, weiterhin im Kinderstatus.

Ich habe einen Freund, der Vater von drei Kindern ist. Er erkennt Menschen, die Eltern sind, sofort an der Blässe in ihrem Gesicht nach einer durchwachten oder unterbrochenen Nacht. Als seine Kinder noch klein waren, sah er manchmal selbst ganz blass aus. Er meint, Eltern auch an winzigen Sorgenfalten im Gesicht erkennen zu können. Sie sähen so aus, als hätten sie die kindliche Unschuld verloren.

Wenn Menschen Eltern werden, übernehmen sie zum ersten Mal im Leben die alleinige Verantwortung für ein Kind. Das ist ein anderes Gefühl, als wenn man auf kleinere Geschwister aufzupassen hat oder ein Patenkind aus der Ferne betreut. Wenn man sein eigenes Kind im Arm hält, hat man das Gefühl: Dieses kleine Bündel Mensch ist ganz auf mich angewiesen, es braucht mich ganz und gar. Ich bin für sein Wohlergehen verantwortlich, bin zusammen mit meinem Partner seine wichtigste Bezugsperson.

Gleichzeitig entsteht ein unbeschreibliches Gefühl von Liebe und Zuneigung zum Kind, ein tiefes Bedürfnis, es beschützen zu wollen vor allen Gefahren dieser Welt, verbunden mit der Angst, es könnte dem Kind etwas zustoßen, wenn man nicht aufpasst. Ein unsichtbares Band entsteht zwischen Eltern und Kind, so dass – selbst wenn das Kind ganz weit entfernt ist – der Vater oder die Mutter spürt, wenn das Kind ihn oder sie braucht.

Dies ist genau das, was die kleinen Sorgenfältchen im Gesicht von Eltern hinterlässt: Es gibt jemand auf dieser Welt, für den sie existenziell verantwortlich sind. Bisher waren sie nur für sich selbst verantwortlich, sie haben gelernt, auf sich selbst aufzupassen. Aber einem kleinen Kind kann so viel passieren, selbst wenn man wachsam ist. Eine bisher unbekannte Art von Ängstlichkeit und Sorge erfüllt die Eltern und wird sie nie mehr im Leben ganz loslassen. Sie gehen auch nicht mehr so sorglos mit der Umwelt um, weil sie die Welt um sich auch mit den Augen ihrer Kinder betrachten: Wie wird die Welt aussehen, in der unsere Kinder leben werden?

Ich erinnere hier noch einmal an die Aussage eines kinderlosen Mannes angesichts der Reaktorkatastrophe von Tschernobyl, ihn tangiere das Ganze kaum, da er nicht so lange leben werde, dass der radioaktive Fallout bei ihm Wirkung zeigen werde. Wir und andere Eltern haben damals dagegen Milchpulver und Fertignahrung gehortet, weil wir nicht wussten, wann wir je wieder frische unverseuchte Nahrungsmittel für unsere Kinder bekommen würden. Täglich studierten wir in der Zeitung die neuesten Zahlen über die radioaktive Belastung verschiedener Nahrungsmittel und richteten uns beim Einkauf danach. So anders nimmt man die Welt wahr, wenn man Kinder hat.

Übergangsriten

Wendepunkte im Leben werden häufig durch Riten markiert. Wenn wir an einen Wendepunkt des Lebens angelangt sind, wird meist von der Familie und der Gemeinde ein Fest gefeiert. Oft sind es Initiationsriten, mit denen die Gemeinschaft die Bedeutung der betreffenden Lebensstufe hervorhebt. Die vorherige Lebensphase wird verabschiedet, die neue feierlich eröffnet. Taufe, Konfirmation beziehungsweise Erstkommunion, Verlobung, Hochzeit sind solche Riten in der christlichen Tradition.

Interessant ist zu beobachten, dass manche Riten einen Generationssprung für alle Beteiligten darstellen. Die Hochzeit, heute wohl immer noch die wichtigste Initiation ins Erwachsenenalter, schließt gleichzeitig mehrere Bedeutungen mit ein: die *Eheschließung* zweier Menschen, die *Entlassung der Eltern aus der elterlichen Verantwortung* (der Brautvater übergibt feierlich die Braut an den Bräutigam, eine urpatriarchale Geste, dazu die Tränen der Brautmutter bei der Verabschiedung der Tochter), die (explizit geäußerte oder implizit gedachte) *Erwartung von Nachwuchs*. In der Hochzeit werden alle drei Aspekte verdichtet und symbolisiert, der letzte etwa mit dem in einigen Gegenden traditionellen Aufhängen von Babywäsche vor dem Haus der Jungvermählten.

Wie wird sich das Paar verhalten angesichts einer derartigen, fast als schamlos zu bezeichnenden Aufforderung? Wird es sich freudig in die Aufgabe stürzen? Wird es sich Bedenk- oder Karenzzeit aushandeln? Wird es sich weigern, sich dem gesellschaftlichen Druck zu beugen?

Die Schleuse

Auch bei jungen Erwachsenen und Eltern beobachten wir die gleiche Spannung zwischen gesellschaftlicher Rollenerwartung einerseits und individueller Reaktion andererseits – ähnlich, wie wir es bei den Kindern gesehen haben. Kaum ein neu verheiratetes Paar wird sich völlig an die traditionelle, stereotype Vorgabe halten. Jedes Paar wird seine eigenen Vorstellungen darüber haben, ob es Kinder haben will, wie viele und wann, nach welchen Prinzipien es die Kinder erziehen will, wie es die Arbeit untereinander aufteilen will usw. Dabei werden die Partner nicht nur die sozialen Erwartungen ihrer Familien, sondern auch die Trends ihrer Zeit und die Meinung ihrer Freunde und Bekannten berücksichtigen. Ihre persönlichen Wünsche und Ängste werden eine große Rolle spielen. Schließlich wird das Unvorhersehbare, das Schicksal auch darüber mit entscheiden, was am Ende wirklich passiert.

Manch ein junger Mensch, der gedacht hat: »Nur nicht wie meine Eltern! Ich will meine Kinder ganz anders erziehen!« wird im Laufe seines Elterndaseins staunen, wie ähnlich sein Verhalten dem der Eltern ist. Er wird plötzlich Verständnis für seine Eltern empfinden, wie diese damals gehandelt haben, als er noch Kind war. Aber manch einer wird ganz neue Wege einschlagen, Innovationen einführen bei der Rollenverteilung zwischen Mann und Frau, in der Kommunikation mit den Kindern. Und manche Großeltern geben ihren Kindern gegenüber neidlos zu: »So, wie ihr das heute mit euren Kindern macht, gefällt es mir besser. Wir hatten damals einfach nicht die Sprache und die äußeren Voraussetzungen, um mit unseren Kindern freier umzugehen.«

Auf diese Weise, in den scheinbar kleinen Änderungen in unseren intimen Beziehungen, entwickelt sich die Gesellschaft weiter. Emanzipation geht langsam, aber sie schreitet fort. Wenn wir den Erziehungsstil unserer Eltern mit dem unsrigen heute vergleichen, hat sich doch sehr viel verändert. Schläge gibt es kaum mehr, dafür ist beispielsweise das Fernsehen dazugekommen.

Die Elterngeneration erfüllt bei diesen gesellschaftlichen Veränderungen eine Art »Schleusenfunktion«. Eine Schleuse ist dazu da, das Gefälle von der vorigen Stufe auf die nächste Stufe auszugleichen. Sie arbeitet wie eine Hebebühne, die das stromabwärts fahrende Schiff von der höheren Ebene langsam auf das niedrigere Niveau absenkt. Dieses Hochheben und Herunterlassen des Schiffes erfordern einen enormen Energieeinsatz. Die Familienarbeit der mittleren Generation verlangt eine ähnliche Kraftanstrengung. Wie eine Schleuse steht sie in der Mitte zwischen der Vergangenheit und der Zukunft und vermittelt den Übergang von einer Generation zur nächsten.

Die Großelterngeneration

Großeltern zu werden ist eine der beglückendsten Erfahrungen im Leben. Es fühlt sich vielleicht wie ein Nachhausekommen an. Erst jetzt merken die Großeltern: Die Sorge um ihre Kinder war noch lange nicht vorbei, selbst nachdem diese erwachsen geworden waren und ihr eigenes Leben führten. Elternschaft scheint erst dort zu enden, wo die eigenen Kinder ihre eigene Familie gründen und Kinder bekommen. Es handelt sich hier wohl um einen archaischen Prozess: Erst mit den Enkelkindern erfüllt sich

für die Großeltern der Teil des Generationsauftrags, für Nachkommenschaft zu sorgen – die eigenen Kinder bekommen nun
selbst Kinder, der Fluss fließt weiter und versickert nicht unterwegs.

Hier fängt der Zyklus wieder von vorne an. Wieder wird ein
Kind gezeugt und geboren. Wenn wir erleben, wie unsere Kinder
selbst Kinder bekommen, sind wir, wie auf einer Spirale, wieder
am Ausgangspunkt unserer Reise angelangt. Nur sind diesmal
nicht wir diejenigen, die Kinder bekommen, sondern unsere Kinder. Die Spirale ist einen Ring weitergerückt. Und wir rücken automatisch eine Generation weiter.

Als Großeltern kann man den Stab an die nächste Generation weitergeben. Es ist nun an der neuen Elterngeneration, die
Hauptverantwortung für die Familie zu übernehmen. Nun kann
man als Großeltern sich endlich zurücklehnen und sich auf den
Ruhestand freuen. Die Aufgabe ist getan.

Neben dieser Freude und Erleichterung gibt es aber noch ein
weiteres Gefühl: ein Erschrecken. Man sieht sich im Spiegel an
und sieht plötzlich eine Großmutter beziehungsweise einen
Großvater vor sich. All die Jahre hat man sich jugendlich und fit
gehalten. Auf einmal scheint man um Jahre gealtert zu sein. Das
macht das plötzliche Vorrücken in der Generationsfolge aus. Man
wird Großeltern, ob man darauf vorbereitet ist oder nicht. Man
wird nicht gefragt. Selbst wenn man jahrelang auf ein Enkelkind
gehofft hat, überfällt es einen schließlich doch.

Mit einem Mal ist man alt. Nun taucht am Horizont der
Tod auf. Nun, da man die Hauptbürde der Generationsarbeit ablegen kann, ist man frei – nicht nur fürs eigene Leben, fürs Reisen,
für Hobbys usw., sondern auch fürs Sterben. Der Tod als
Freund? Der Tod als Bedrohung? Dies macht auch das Erschrecken aus.

Aber noch will man nicht sterben, denn es gibt etwas ganz Aufregendes zu erleben: das Enkelkind, die Enkelkinder. Diese sind für Großeltern einfach eine schier unbeschreibliche Quelle der Freude. Das hat etwas mit einer »Verdopplung« zu tun: Enkel sind die Kinder unserer Kinder. Diese Verdopplung bringt eine Vertiefung der emotionalen Beziehung mit sich. Oben haben wir gesehen, wie es einen berührt, wenn man zum ersten Mal Eltern wird. Vielleicht ergreift es uns noch tiefer, wenn unsere eigenen Kinder Kinder bekommen.

Mehr darüber werden wir im nächsten Kapitel »Enkel und Großeltern« erfahren. Hier nur noch dies:

Großeltern werden ganz nötig gebraucht: als Babysitter, als Ratgeber für genervte und ratlose Eltern, als finanzielles Polster und Babyausstatter. Großeltern zu werden gibt einem alternden Paar, das die Kinder schon aus dem Haus entlassen hat und aus dem Berufsleben geschieden ist, neuen Lebenssinn und frische Lebenskraft. Noch einmal wird man im Leben gebraucht, noch einmal wird man in eine eminent wichtige Position gestellt. Diesmal ist es aber eher eine Aufgabe im Hintergrund. Diesmal herrscht nicht mehr eine überlebenswichtige Notwendigkeit wie damals, als man selbst Eltern eines frisch geborenen Säuglings geworden ist. Es ist eine stillere Rolle, die nun zu spielen ist, vielleicht eine Nebenrolle. Aber es ist eine äußerst dankbare Nebenrolle, weil man hier die Früchte des gesamten Lebens erntet.

Diese Ernte geschieht auf vielerlei Weise. Eine besondere Ernte ist die Möglichkeit, die Zeit der eigenen Elternschaft noch einmal Revue passieren zu lassen. Wenn man die eigene Tochter, den eigenen Sohn mit dem Enkelkind im Arm sieht, wird man unwillkürlich an die Zeit mit den eigenen Kindern erinnert. Bilder steigen hoch, längst vergessen Geglaubtes taucht wieder auf. Glückliche Momente können noch einmal genossen werden.

Noch wichtiger ist aber die Möglichkeit, schlimme Momente von damals verarbeiten, die eigenen Fehler und Versäumnisse erkennen und sich eingestehen zu können.

Man kann mit seinem Partner noch einmal über die gemeinsamen Jahre als junges Paar und junge Eltern sprechen und die alten Fotos anschauen. Man kann den eigenen Kinder erzählen, wie es damals mit ihnen als Säuglingen gewesen ist. Man kann ihnen sagen, wie wunderbar sie als Kinder waren – etwas, was sie vielleicht noch nie ausgesprochen gehört haben. Man kann sie um Verzeihung bitten und sein Bedauern darüber äußern, dass manches damals schief gegangen ist – auch dies ist ein unschätzbares Geschenk an die Kinder. Es ermöglicht beiden Seiten einen Neubeginn. Mit dieser Gelegenheit, Liegengebliebenes noch einmal aufzulesen und zu verarbeiten, verwandeln wir manchen Müll von damals zu einem Schatz.

Goldener Herbst des Lebens.

Enkel und Großeltern

Eine besondere Liebesbeziehung

Wenn von Liebe die Rede ist, denken wir entweder an die erotische Liebe zwischen Mann und Frau oder an die Eltern-Kind-Liebe. Daneben blüht aber eine ganz andere Liebe im Verborgenen, eine Liebe, die an Tiefe und Intensivität diesen beiden Liebesformen in nichts nachsteht, ja, in Innigkeit und Beständigkeit diese sogar übertrifft. Die Rede ist von der Beziehung zwischen Großeltern und Enkelkindern.

Wohltuende Distanz

Wo Liebespaare oder Eltern und Kinder einander immer wieder in die Haare geraten, erleben Großeltern und Enkel eine beständige Wonne. Was unterscheidet dieses Verhältnis von den beiden anderen?

Als Erstes fällt uns ein, dass es an kritischen Reibungspunkten fehlt. Zwischen Enkeln und Großeltern gibt es eine deutliche *altersmäßige Distanz.* Beide Generationen befinden sich nicht in unmittelbarer »Nachbarschaft« zueinander. Da steht die Elterngeneration dazwischen, quasi als Puffer. Manch ein junger Mann sträubt sich heftiger dagegen, seine Eltern zu besuchen als seine Großeltern. Bei diesen ist es vielleicht langweiliger, aber da gibt es auch keine Streitereien wie bei den Eltern.

Aber das herzliche Verhältnis zwischen Großeltern und Enkeln hat noch tiefere Wurzeln. *Räumliche Distanz* macht eine Beziehung normalerweise eher kühl, aber hier fördert die Distanz eher die emotionale Wärme: »Ach, wann darf ich wieder zur Oma und zum Opa?«, fragen die Enkel, zumindest, wenn sie noch jung sind. Und Oma und Opa erkundigen sich schon besorgt am Telefon, ob die Enkelkinder krank sind, wenn sie zwei Wochen nichts von ihnen gehört haben.

Kindliche Begeisterung, Altersweisheit und der Blick fürs Wesentliche

Warum wollen Oma, Opa und das Enkelkind sich so gerne wieder sehen? Beginnen wir mit den Großeltern. Wer Großeltern kennt, weiß von der ungetrübten, ja fast kindlichen Begeisterung, mit der sie über ihre Enkelkinder sprechen. Ihre Augen fangen an zu leuchten, wenn sie über sie berichten. Dabei erscheinen die Enkelkinder wie die reinsten Engel. Selbst wenn die Großeltern eingestehen müssen, der Kleine ist ein Lausbub oder die Kleine kann eine richtige Furie sein, empfinden sie ungetrübte Freude gerade an diesen Schwächen. Wo die Mutter über die verdreckte Hose stöhnt und der Vater über den Dickschädel des Sprösslings schimpft, kommt fast immer eine verständnisvolle, fast komplizenhafte Beschwichtigung von den Großeltern.

Natürlich, die Großeltern sind nicht so unmittelbar betroffen von den Querelen mit dem Kind. Dies ist auch ein Ergebnis der Distanz. Sie haben zwar früher die gleichen Sorgen und den gleichen Ärger mit *ihren* Kindern gehabt – deshalb empfinden sie auch durchaus Sympathie für die Eltern (vielleicht aber auch eine diebische Genugtuung darüber, dass ihre Kinder nun endlich wissen, wie es von der anderen, der Elternseite her aussieht!). Aber sie haben auch erlebt, wie sich mit der Zeit viele Konflikte und Katastrophen relativeren, wie aus Lausbuben doch anständige Menschen werden. Sie haben auch gelernt, die richtigen Katastrophen von den Bagatellen des Lebens zu unterscheiden, haben Krieg, Tod, Vertreibung, Hunger und Elend durchlitten und überlebt. »Das Leben geht weiter!« – keine Floskel, sondern erfahrene Wirklichkeit, die manchmal unerbittlich, manchmal barmherzig daherkommt. Und wie man trotzdem lacht und den Humor und den Lebenswillen nicht verliert, auch das haben sie gelernt.

Und da krabbelt wieder ein kleines Menschenkind vor ihnen herum. Da wagt das Leben mir nichts dir nichts einfach einen neuen Entwurf. Und die Großeltern erkennen in der Beharrlichkeit und Konzentration, mit der das Kleine nach dem flüchtigen Ball greift, den gleichen Lebenswillen und das »Ich lass mich doch nicht kleinkriegen!« wieder, das sie aus den schwierigsten Lebenssituationen gerettet hat. Das ist viel wesentlicher als eine zerschlissene Hose, die man flicken kann.

Kinder und alte Menschen haben hier etwas gemeinsam: Sie wissen, was wesentlich ist – die einen intuitiv, die anderen aus Erfahrung. Der kindliche Blick ist noch ungetrübt vom Kalkül und der Ratio des mittleren Erwachsenenalters. »Man sieht nur mit dem Herzen gut«, lässt Saint-Exupéry den kleinen Prinz sagen, der wie ein weises Kind durch das Land der Erwachsenen wandert. Er erkennt intuitiv, was hinter den Dingen steht: Statt eines hutähnlichen Gebildes sieht er den von einer Boa verschlungenen Elefanten. Sein Gesprächspartner, der Bruchpilot-Erzähler, macht sich Sorgen darüber, wie er seine Maschine wieder flott bekommt. Der kleine Prinz bangt aber um die Rose, seine Rose, dass diese nicht vom Schaf aufgefressen werde. Daher stört er den Piloten immer wieder mit der Bitte, ihm doch endlich einen Zaun für sein Schaf zu malen.

Kinder und Alte als soziale Randgruppen – Solidarität der Machtlosen

So unterscheiden sich Kinder und alte Menschen von »normalen Erwachsenen«. Sie sind aus dem Überlebenskampf ausgegrenzt, brauchen sich noch nicht beziehungsweise nicht mehr um das tägliche Brot zu sorgen. Sie können daher das Sein und das Zusammensein einfach genießen.

Sie sind aber gleichzeitig ein Stück entmündigt, werden nicht ernst genommen, sind als soziale Randgruppen von Macht und Kontrolle ausgeschlossen. Kinder und alte Menschen haben keine Lobby, sind trotz Kinderschutzbundes und Grauer Panther kein ausschlaggebender Machtfaktor, sonst wäre unsere Gesellschaft kinder- und altenfreundlicher.

Dafür genießen sie aber auch ihre kleinen Freiheiten, und sie gehen nachsichtiger miteinander um, weil sie wissen, wie verletzlich die Würde eines Menschen ist, gerade wenn er klein ist oder alt.

Außerdem gleichen sich die Kleinen und Alten in ihren körperlichen und sonstigen Unfertigkeiten. Das Enkelkind kann noch nicht gut laufen, die Großmutter kann nicht mehr gut laufen. Also stützen sie sich gegenseitig beim Spaziergang. Wenn einer stolpert, lacht der andere nicht über ihn, sondern mit ihm. Beide fühlen sich in der komplizierten erwachsenen Welt etwas behindert. So helfen sie sich gegenseitig: Wenn das Kind noch nicht an den Klingelknopf heranreicht, hebt es die Großmutter ein paar Zentimeter hoch. Wenn die Großmutter die Rechnung ohne Brille nicht mehr lesen kann, reicht sie sie der Zweitklässlerin hin, die ihr mit stolzgeschwellter Brust zeigt, was sie schon alles lesen kann. Der gerade volljährig gewordenen Enkelin leiht die Oma das Auto, dafür hilft ihr diese den Einkaufskorb zu tragen.

Diese eigentümliche Mischung von Kindlichkeit und Weisheit, von Ohnmacht und Freiheit schafft die Basis für die spontane Solidarität zwischen Kindern und alten Menschen, macht Enkel und Großeltern zu natürlichen Freunden und Bundesgenossen. Immer wieder, manchmal nur über Gesten, verbünden sie sich gegen die Ordnung der Erwachsenenwelt. Wenn die Großmutter das Enkelkind wieder »verzieht« und mit Schokolade »verwöhnt« (mit einem komplizenhaften Seitenblick zum Kind, der die Eltern so zur Weißglut bringen kann!), wenn der sonst ruppige Teenager dem wackeligen Großvater mit größter Geduld die Treppe hinaufhilft und dessen Vergesslichkeit vor der Mutter verteidigt, dann blitzt diese stillschweigende Solidarität zwischen Jung und Alt auf. Voneinander erfahren sie die bedingungslose Liebe, die andere bloß predigen.

Die Nähe vom Beginn und Ende des Lebens

Zeitlichkeit und Unendlichkeit, Leben und Sterben sind in die Beziehung zwischen Enkeln und Großeltern auf natürliche Weise eingebettet. Die Großeltern wissen um die begrenzte Lebenszeit, die ihnen noch zur Verfügung steht, und sind meist sehr dankbar dafür, ihre Enkelkinder noch erleben zu dürfen. Diese aufwachsen zu sehen, berührt sie so unmittelbar persönlich, weil sie sich gleichzeitig im Spiegel dahinwelken sehen. So, wie sie die wunderbare Vitalität in den Jungen erleben, so spüren sie in sich das Dahinschwinden der eigenen Kräfte. So soll es wohl sein, so vergeht Leben, so wird Leben weitergegeben, so geht das Leben weiter. Ich – mein Kind – mein Enkelkind. Hier ist der Lebensstrom unmittelbar spürbar, wie er durch die Generationen fließt. Da bedarf es keiner klugen Worte, keiner philosophischen Abhandlung, um dies leiblich zu begreifen.

Mein Vater hat sehr gelitten, bevor er starb. Aber wann auch immer ich ihm über unseren kleinen Sohn erzählte, huschte ein glückliches Lächeln über sein Gesicht. »Es ist gut«, schien sein Lächeln zu sagen. »Es ist gut weitergegangen.« Ich weiß nicht, ob er dabei an *seinen* Vater dachte, der im fernen China starb, ohne dass sein Sohn bei ihm sein konnte.

Geschichte und Gegenwart oder: Warum sind Großeltern für Kinder so wichtig?

Wie sieht es umgekehrt für die Enkelkinder aus? Für sie sind Großväter und Großmütter »steinalte« Wesen, die noch länger gelebt haben als die eigenen Eltern, und diese sind schon so unbegreiflich alt. »Ich bin schon groß, ich werde fünf! So viele Jahre wie alle Finger in meiner Hand! Wie alt bist du, Papa? Was? 40?

Wahnsinn! Wie viele Finger sind das? So weit kann ich ja gar nicht zählen! So viele Geburtstagskerzen gehen gar nicht auf den Tisch! Und du, Oma? Du musst ja 1 000 Jahre alt sein!«

»Erzähl mal, Oma! War mein Papa auch mal so klein wie ich?« Wenn die Oma einen auf den Schoß nimmt und die alten, vergilbten Schwarzweißfotos von einst zeigt, schaut man plötzlich seinem großen Papa als fünfjährigen Knirps ins Gesicht. Oma zeigt darauf und sagt: »Der hat auch mal so herumgestottert wie du, und ein richtiger Lausbub war er auch!«

Es geht einem ein Schauer durch den Rücken. Vor einem entfaltet sich die Dimension der Zeit. Da wird das Menschwerden, das Großwerden und das Altwerden auf einmal mit Händen greifbar. Etwas unheimlich wird's einem schon! Gut, dass man die Wärme des großmütterlichen Schoßes spürt. Das beruhigt!

Nichts fasziniert Kinder mehr als die Zeit, genauer gesagt, die Lebenszeit, die mit ihnen persönlich in Zusammenhang steht. Für unsere Kinder haben wir seit ihrer Geburt jeweils ein Kindertagebuch geführt. Es ist köstlich, wenn wir zusammensitzen und aus den verschiedenen Tagebüchern vorlesen. Was habe ich als Kind gesagt? Wie habe ich mich selbst genannt? Wie habe ich das Laufen gelernt? Lies noch einmal vor, wie ich zu dem Hund in seinen Korb gekrabbelt bin!

Und wenn das Enkelkind der Oma beim Kochen hilft, lernt es die alten Rezepte und die altertümlichen Gerätschaften von damals kennen. Wenn der Opa mit ihm den Reifen an seinem alt-ehrwürdigen Fahrrad, dem einstigen »Stahlross«, auswechselt, erfährt es von ihm, wie er früher über ungeteerte Schotterwege zur Arbeit gefahren ist. Das war noch vor dem Krieg. »Was war das für ein Krieg?«, fragt der Enkel. Geschichte wird so lebendig, sie wird zur Menschen-Geschichte. Das Kind schließt sich auf diese Weise an seine eigene Familiengeschichte und -tradition an.

Durch alte Erbstücke – den Schmuck, das Geschirr und die Möbelstücke der Großeltern – wird die Vergangenheit seiner Familie anfassbar, spürbar, sichtbar. Sinnliche Eindrücke prägen sich ganz anders in uns ein als abstrakte Jahreszahlen.

Ich besitze noch ein altes Foto, auf dem mein Großvater, mein Vater und ich zu sehen sind. Mein Großvater sitzt auf einer Bank. Er trägt ein langes chinesisches Gewand, stützt sich gelassen auf einen Stock und hat eine würdige Glatze. Neben ihm mein junger Vater, ehrgeizig, gespannt, im tadellos sitzenden westlichen Anzug, und ich stehend, im Pulli, an ihm angelehnt. Drei Generationen, eine Wurzel, weit verzweigte Lebenswege.

Ruhe und Gelassenheit – das Geschenk der Großeltern

Augenfällig ist auf diesem Bild die unterschiedliche Körperhaltung meines Großvaters und meines Vaters. Mein Großvater lehnt sich gelassen und würdevoll, vielleicht etwas müde an seinen Spazierstock, während mein Vater fast sprungbereit neben ihm sitzt, fast so, als hätte er keine Zeit fürs Fotografiertwerden, als würde ihn bereits die nächste geschäftliche Verabredung rufen.

Auch dies ist etwas sehr Wertvolles, was Kinder von ihren Großeltern lernen: Ruhe und Gelassenheit. Das heutige Leben als Eltern ist so mit Hektik und Hetze angefüllt: Morgens schon müssen sich alle beeilen, damit die Kleinen rechtzeitig zum Kindergarten, die Großen zur Schule und die Eltern zur Arbeit oder zum Einkaufen kommen. Stundenpläne und Terminkalender diktieren den Tagesablauf. Unsere Kinder müssen sich schon früh an den schnellen Takt des Erwachsenenlebens anpassen. Hopp, hopp! Schuhe und Jacke anziehen! Ins Auto hechten! Sich anschnallen! Dann nichts wie los!

Heute verbringen Kinder fast genauso viel Zeit unterwegs im Auto, Bus oder in der Bahn wie zu Hause: Schule, AGs, Nachhilfe, Klavierstunden, Sport usw. rufen. Nicht nur, dass sie selbst einen prall gefüllten Wochenplan haben, sie müssen sich auch noch an den Terminplan der Eltern anpassen: Morgens muss das Kind abfahrtbereit dastehen, wenn der Vater es auf dem Weg zur Arbeit zum Kindergarten oder zur Schule mitnimmt. Nachmittags muss es mit der Mutter zum Einkaufen mitfahren, gerade wenn es sich nach dem anstrengenden Vormittag etwas entspannt und sich im Spiel vertieft hat. Wenn es Glück hat, wird es schnell noch zu den Großeltern gebracht, sonst müsste man den teuren Babysitter wieder engagieren.

Dabei will man als Kind oft nur in Ruhe gelassen werden, damit man endlich ein Bilderbuch in Ruhe anschauen kann. Man möchte ungestört mit der Freundin ein Schwätzchen am Telefon halten oder einfach nichts tun und aus dem Fenster schauen und träumen.

Kinder gehen mit der Zeit anders um als Erwachsene. Kinder sind nicht langsam und trotteln auch nicht herum. Oft sind sie einfach in das, was sie gerade tun, versunken. Sie sind dabei ganz bei der Sache. Die Zeit fließt, und sie lassen sich vom Strom mittragen, mal schneller, mal langsamer. Der erwachsene Zeittakt zerhackt diesen endlosen Strom, unterbricht ihn wie willkürlich gesetzte Schleusen. Er macht das innere Fließerlebnis (»flow«) kaputt.

Wie wohltuend wirkt da die großelterliche Gelassenheit! Hier ist Zeit in Hülle und Fülle. Hier wird nicht mehr gehetzt, weil Großpapa schon lange aus dem Berufsleben ausgeschieden ist und Großmama keine vier Kinder mehr zu versorgen hat. Die Produktions- und Reproduktionsphase ist für sie vorbei. Wenn die Eltern sie anrufen und fragen, ob sie heute Nachmittag die

Kinder babysitten können, haben sie meistens Zeit, ja, sie freuen sich sogar darüber, dass man an sie gedacht hat. Was für die Eltern manchmal zu viel ist – das Kindergeschrei, die vielen Wünsche, die vielen Fragen –, ist für Großeltern eine willkommene Abwechslung in ihrem oft einförmigen Leben. Die Enkel bringen wieder Leben in die Bude. Und weil sie abends wieder abgeholt werden, können die Großeltern die wenigen Stunden, die sie zusammen haben, genießen und ganz und gar für die Kleinen da sein.

Dieses ausschließliche Dasein und Zur-Verfügung-Stehen, das Großeltern ihren Enkeln so selbstverständlich bieten, ist gerade in unserer schnelllebigen Zeit etwas unschätzbar Wertvolles. Zu Hause sind die Eltern so schnell wieder abgelenkt, wenn die Kinder etwas von ihnen wollen, durchs Telefon, durch die Hausarbeit, durch den nächsten Termin. Großeltern nehmen sich einfach die Zeit, um dabeizusitzen, wenn die Kinder ein Bild malen. Sie nehmen sich einfach die Zeit, um mit ihnen die einzelnen Bilder in einem Bilderbuch zu betrachten und zu kommentieren. Sie setzen sich hin und lesen ihnen ihr Lieblingsmärchen vor, wenn gewünscht, noch einmal und noch einmal. Sie haben unendlich viel Geduld.

Großeltern sind vielleicht etwas mehr hinter das Geheimnis der Zeit gekommen: Sie wissen, wie kostbar die Lebenszeit ist und wie leicht man sie mit nebensächlichen Dingen vergeudet. Sie haben scheinbar alle Zeit der Welt, aber sie haben durch schmerzliche Verluste erfahren, dass die Zeit, die wir zusammen mit lieben Menschen erleben dürfen, begrenzt ist und abrupt zu Ende sein kann. Darum genießen sie diese wenigen Stunden, die sie mit ihren Kindern und Enkelkindern verbringen dürfen. Nachher, wenn das Kind wieder abgeholt worden ist, werden sie wieder allein in ihren vier Wänden sein. Dann sehen sie es vielleicht länger nicht mehr. Beim nächsten Mal – wenn es ein nächstes Mal gibt – wird es wieder größer geworden sein. Es wird nicht mehr dasselbe Kind sein, das es jetzt gerade ist, so wie es an Opas Seite sitzt und sich an ihm ankuschelt.

Die einen kommen, die anderen gehen

Gleichzeitig besteht eine merkwürdige Gegenläufigkeit zwischen Alt und Jung. Beide haben, wie wir gesehen haben, viel Zeit. Aber Zeit ist für beide etwas völlig anderes. Für Kinder wird der Tag häufig zu lang – sie langweilen sich fürchterlich in der Schule und zu Hause, sie können es kaum erwarten, bis etwas Aufregendes passiert –, während die Zeit für alte Menschen viel zu schnell vergeht. Eine Periode von fünf Jahren dauert für ein Kind eine Ewigkeit, während sie einem älteren Menschen beängstigend schnell zwischen den Fingern zerrinnt.

Junge Menschen haben das Gefühl, unendlich viel Zeit zur Verfügung zu haben. Sie erleben die Zeit als ein ewiges *Jetzt*, das schier nie zu Ende gehen kann. Aus diesem unendlichen Reservoir schöpfen sie ihre jugendliche Kraft, ihren Optimismus, ihre Sorglosigkeit und ihre Zuversicht. Alte Menschen aber wissen, dass ihre Zeit begrenzt ist. Jeder Tag, den sie ohne körperliche Beschwerden und Schmerzen leben dürfen, ist ein Geschenk Gottes. Während die Enkel mit ausgebreiteten Armen ins Leben losfliegen, leben ihre Großeltern im Bewusstsein des Abschieds.

Der eine kommt, der andere geht. Sie treffen sich gerade an der Tür.

Während die Jungen im Vorbeieilen ihren Großeltern ein freudiges »Hallo Opa! Hallo Oma! Ich bin verabredet! Bis nachher!« zurufen und ins (Lebens-)Haus hineinstürmen, nehmen die Alten gerade ihre Hüte, ziehen sich ihre Mäntel an und blicken den Jungen nach: »Wir wünschen euch ein schönes Fest! Wir waren schon lange hier und sind im Begriff zu gehen. Lebt wohl!« – Aber da sind die Jungen schon im Trubel verschwunden. Die Großeltern freuen sich, die Enkel wenigstens kurz gesehen zu haben. Aber schade ist es schon, dass diese nicht länger bei ihnen verweilen konnten.

Für die Alten ist die Begegnung so kostbar, weil sie zum einen wissen, dass es ihre Nachfolger sind, die eben an ihnen vorbeigelaufen sind. Sie wissen, wie lang und beschwerlich der Weg war, bis es überhaupt zu dieser Begegnung kommen konnte – wie leicht hätten sie sich verfehlen können! Zum anderen erleben sie diese Begegnung *abschiedlich*, das heißt aus dem Bewusstseins des Abschieds: Es könnte das letzte Mal sein.

Die Jungen hingegen freuen sich zwar von Herzen, ihre Großeltern zu treffen, aber sie wollen weiter und sie können sich gar nicht vorstellen, dass dies das letzte Mal sein könnte. Für sie gibt es noch nicht so etwas wie »ein letztes Mal«. Eltern und Großeltern, die haben seit Beginn ihres Lebens existiert und werden ewig weiter für sie da sein.

Eine merkwürdige Gegenläufigkeit. Aber vielleicht kann es gar nicht anders sein. Die Alten gehen. Sie müssen gehen, um Platz zu machen für die Jungen. Und diese müssen so ungestüm ins Leben stürmen, denn dort werden sie schon mit Ungeduld erwartet.

Die mittlere Generation zwischen Enkeln und Großeltern

Nirgendwo wird die Mittlerfunktion der mittleren Generation deutlicher als in der Position zwischen Enkeln und Großeltern.

Es ist ein besonderer Augenblick im Leben, wenn wir unsere Kinder zum ersten Mal unseren Eltern präsentieren. »Schau,

Mama, schau, Papa. Es ist gut weitergegangen!« Mit unseren eigenen Kindern wollen wir ihnen danken für das, was sie für uns getan haben. Denn von ihnen ist das Leben gekommen, das wir nun weitergeben. Der Strom fließt weiter.

Die Bedeutung der Zustimmung und des Wohlwollens der Großeltern

Gleichzeitig möchten wir ihnen zeigen, dass ihr Werk durch uns gut weitergeführt wurde. Darum ist ihre erste Reaktion auf unser neugeborenes Kind so wichtig. Obwohl wir keinen Einfluss darauf haben, wie das Kind geworden ist, haben wir doch das Bedürfnis, von unseren Eltern zu hören: »Das habt ihr gut gemacht!« Wir möchten, dass sie stolz sind auf ihr Enkelkind, wir möchten, dass sie es schön und einzigartig finden. Ihr Stolz auf das Enkelkind reflektiert ihren Stolz auf uns. Ihr Glück bestätigt unser Glück. Wir möchten, dass sie voll hinter uns stehen, dass sie voll zu uns stehen. Dann ist es leicht für uns, ebenfalls voll zu unseren eigenen Kindern zu stehen und für sie da zu sein.

Unsere eigene Elternschaft spiegelt sich in der Elternschaft unserer Eltern. Da sind wir unmittelbar miteinander verbunden. Ihre Zustimmung zu unseren Kindern bedeutet für uns eine grundlegende Bejahung unseres zukünftigen Lebens und macht es uns leicht voranzugehen. Ihre Skepsis oder Ablehnung wiegt dagegen wie eine Zentnerlast auf unseren Schultern. Sie macht unseren weiteren Lebensweg dornenreich und hart.

Wenn Großeltern ihre Enkel ablehnen, ist der Strom des Lebens unterbrochen. Es kann ein ernst zu nehmendes Hindernis werden, das seinen Weiterfluss in Frage stellt. Auf jeden Fall bedeutet es eine erhebliche Härte und Belastung für die nachfolgende Generation. Sie muss ohne die natürliche Unterstützung der

Großeltern auskommen. Wenn so etwas passiert, weist es meist auf einen schweren unbewussten familiären Konflikt hin, der mehrere Generationen zurückliegt. Hier ist oft familientherapeutische Hilfe nötig, um den Fluss wieder schiffbar zu machen.

Wenn Großeltern aber ihre Enkel annehmen und willkommen heißen, dann bedeutet dies eine große Erleichterung und Stärkung der jungen Eltern. Ich meine hier nicht einmal die Arbeitsentlastung durch die Großeltern, wenn sie bei den Enkelkindern babysitten, auch nicht ihre materielle Unterstützung, die das Budget eines jungen Paares erheblich entlasten kann. Diese beiden Hilfen sind äußerst wertvoll. Aber noch wichtiger ist die moralische Unterstützung durch die Großeltern. Sie wirkt wie eine starke Rückendeckung, wie ein Polster, auf das sich die jungen Eltern zurückfallen lassen können, wenn der Wind ihnen von vorne ins Gesicht bläst. Sie ist wie ein Kraftstrom, der von hinten her die Eltern stützt, stärkt und ermutigt.

Machtkämpfe zwischen Großeltern und Eltern

Eltern sind Eltern, Großeltern sind Großeltern. Diese beiden Funktionen sind grundverschieden und klar voneinander abgegrenzt. Eltern sind die Hauptverantwortlichen für ihre Kinder, Großeltern sind (wohlwollende) Zuschauer. Diese Generationsgrenze muss klar gezogen sein zwischen ihnen. Wenn junge Eltern ihre Kinder von den Großeltern aufziehen lassen (um zum Beispiel in einer anderen Stadt zu arbeiten) oder wenn sie sich von den Großeltern vorschreiben lassen, wie sie ihre Kinder zu erziehen haben (wenn sie beispielsweise mit den Großeltern im selben Haushalt leben), dann fallen die Eltern selbst in die Kinderrolle zurück. Sie werden quasi zu »Geschwistern« ihrer eigenen Kinder. Ein Mann, der von seinen Großeltern aufgezogen wurde, sieht dann in seiner Mutter mehr eine ältere Schwester als seine richtige Mutter. Wenn solche Verwirrungen in der Generationsfolge auftreten, ist dies ebenfalls ein Zeichen für eine tief greifende Störung im Familiensystem.

Daher ist es wichtig für junge Eltern, ihren Eltern klarzumachen, dass sie selbst es sind, die die Hauptverantwortung für ihre Kinder tragen. Die Großeltern dürfen Vorschläge unterbreiten und Empfehlungen aussprechen, aber die Eltern sind uneingeschränkt verantwortlich für die Erziehung ihrer Kinder. Wenn die Großeltern die Enkel beaufsichtigen, dann sollten sie es im Auftrag der Eltern tun, nie anstelle der Eltern.

Dies bedeutet nicht, dass die Großeltern die Enkel nicht verwöhnen dürfen (zum Beispiel mit Süßigkeiten, Geschenken oder Fernsehen, was die Kinder zu Hause häufig nicht in dem Umfang wie bei den Großeltern konsumieren dürfen). Aber auch hier gibt es Grenzen, die nicht überschritten werden dürfen, ohne die Autorität der Eltern gegenüber ihren Kindern zu beschädigen. Es ist eine Grenzüberschreitung, wenn die Großeltern die grundlegenden Erziehungsprinzipien der Eltern systematisch missachten und übertreten. Dann müssen die Eltern den Großeltern unmissverständlich klarmachen, dass dies so nicht geht und ihren Umgang mit ihren Enkeln beschränken würde. Meist sind die Großeltern bereit einzulenken, weil sie an einem intensiven Umgang mit ihren Enkeln interessiert sind. Aber die Eltern sollten darauf achten, ob dieses Einlenken eher ein taktischer Rückzug (vor dem nächsten Angriff) ist oder ob er aus einem wirklichen Verständnis für die Elternposition geschieht.

Dies ist ein Machtkampf, den die Eltern für sich entscheiden *müssen*. Wenn sie verlieren oder nachgeben, dann haben alle verloren. Denn eine Verwischung oder ein Überspringen der Generationsgrenze bringt tief greifende Folgen mit sich. Die Kinder könnten sonst anfangen, ihre eigenen Eltern zu verachten und abzulehnen. Sie fühlen sich dann ihren Großeltern näher. Die natürliche Treue zwischen Kindern und Eltern wäre zerstört. Eifersucht, Verrat, Spaltungen und endlose Grabenkämpfe sind die Folge.

Respektieren aber die Großeltern die Eltern in ihrer Elternfunktion und unterstützen sie sie darin, dann ist es eine wahre Freude für alle drei Generationen, zusammen zu sein. Wenn sich die jungen Eltern von ihren eigenen Eltern respektiert fühlen, können sie deren Empfehlungen viel leichter und bereitwilliger aufnehmen und annehmen, als wenn sie sich von ihnen kritisiert oder für unfähig gehalten fühlen. Sie können voll aus dem elterlichen Erfahrungsfundus schöpfen, fühlen sich gleichzeitig frei, Neues auszuprobieren und zu entwickeln.

Elternsein ist eine aufregende Sache. Und es ist eine außerordentlich bereichernde Erfahrung, wenn wir dies zusammen mit unseren Eltern in einer mehrere Generationen umspannenden Perspektive sehen können.

Aus Kindern werden Kids

Kinder heute

Kinder wachsen heute in einer äußerst komplexen Welt auf. In Westeuropa genießen wir einerseits einen noch nie da gewesenen Wohlstand, andererseits geht unser Reichtum auf Kosten anderer Völker und der Umwelt. Im Zeichen der Globalisierung von Wirtschaft und Politik und der ungewissen Auswirkungen, die diese Entwicklung mit sich bringt, sehen unsere Kinder einer sehr unsicheren Zukunft entgegen.

Alles, was wir ihnen mitgeben können, ist neben einer soliden Schulbildung ein gesundes Selbstbewusstsein, ein kritisches Auge für die Verführungen der Welt und ein offenes Ohr für andere Menschen. Gerade angesichts der Verführungen unserer in vieler Hinsicht suchtgefährdeten Welt (zum Beispiel Fernsehen, Internet, Modedrogen) ist ein verlässlicher familiärer Rückhalt für Kinder und Jugendliche wichtiger denn je. Hier finden sie Geborgenheit, Heimat, moralische Orientierung, Vorbilder und Bezugspersonen, auf die sie sich verlassen können. Sie wachsen in ein Familiennetzwerk hinein (siehe das Kapitel »Großfamilien oder das Familiennetzwerk«), in dem sie einen sicheren Platz haben und das sie ihr Leben lang tragen wird.

Kinder bleiben nicht ewig Kinder

Kinder bleiben nicht ewig Kinder, sie verändern sich von Augenblick zu Augenblick. Kaum, dass man sich an sie gewöhnt hat, werden sie schon größer, sind sie schon in die nächste Entwicklungsphase vorgerückt. Und 16, 18 oder auch 20 Jahre sind eine kurze Zeit, um das Zusammenleben mit einem Kind zu genießen.

Ich kann mich noch sehr lebhaft daran erinnern, wie ich nach einem Wochenendseminar wieder nach Hause kam und unsere kleine halbjährige Tochter im Kinderwagen kaum noch erkannte, so sehr hatte sie sich innerhalb dieser wenigen Tage verändert.

Und doch kann das Zusammenleben mit Kindern so unendlich lang werden – im täglichen Einerlei mit den endlosen Wäsche- und Geschirrbergen, die sich nie ganz abtragen lassen, mit dem täglichen An- und Auskleiden, Zähneputzen und Windelnwechseln –, dass man als Eltern sich öfters auf die Zeit danach freut, in der man endlich sein eigener Herr sein kann. Gerade bei den ersten Kindern hat man das Gefühl, man kommt nie mehr aus der Baby- und Kinderpflege heraus, man wird sein Leben nie mehr so unbeschwert und frei wie früher führen können.

Eltern und Kinder im mittleren Lebensabschnitt

Kinder stehen immer noch im Mittelpunkt unseres Lebens, wenn wir ins mittlere Lebensalter kommen. Als wir noch junge Eltern waren, waren sie unser Ein und Alles, ein Wunder, aber auch ein Stressfaktor ersten Ranges. Mit den Jahren werden wir ruhiger, wir merken, dass wir nicht für *alles* verantwortlich sind, was die Kinder betrifft. Ihre Persönlichkeit schält sich langsam heraus, sie werden zunehmend selbst verantwortlich für ihr Leben, und wir gewinnen mehr Vertrauen – in uns, in die Kinder und in den Lauf der Dinge. Wir gewöhnen uns an das Leben mit den Kindern, sie sind immer noch das Wichtigste in unserem Leben, aber es gibt auch andere Dinge, die uns wichtig sind: Freunde, soziale Aktivitäten, Beruf. Auch für die Kinder sind wir Eltern nicht mehr ihr Ein und Alles, auch sie gehen ihren eigenen Interessen nach, haben ihre Freunde, ihre Hobbys, Schule, Freizeit.

Mit dem Älterwerden wird uns mehr und mehr bewusst, dass unsere Zeit mit unseren Kindern begrenzt ist. Anfangs vergeht die Zeit im Schneckentempo, mit zehn, elf sind sie immer noch Kinder. Dann aber geht's immer schneller. Das Ende des aktiven Elternlebens rückt in greifbare Nähe, wenn unsere Kinder in die Pubertät kommen, wenn sie sich fürs andere Geschlecht interessieren, wenn sie ihr erstes Geld verdienen, wenn sie den Führerschein machen. Volljährigkeit ist ihr erklärtes Ziel, darauf steuern sie zu, es gibt kein Zurück.

Die Stürme der Pubertät

Die Stürme der Pubertät brausen über uns hinweg. Plötzliche Ausbrüche, Kämpfe bis aufs Messer – wir erkennen unser Kind nicht mehr und zweifeln an unserer und seiner Vernunft. Noch mehr zweifeln wir an unserer bisherigen Erziehung. Unsere Vorbildfunktion bricht fast gänzlich zusammen. Es gibt Momente, in denen es sich so anfühlt, als sei alles umsonst gewesen. Wir haben das Gefühl, als Eltern auf der ganzen Linie versagt zu haben. Dieses »Monster« von Kind macht uns fertig, und wir erschrecken über das Ungeheuer, das als Reaktion darauf in uns wachgerufen wird.

Es sind gewaltsame Grenzstreitigkeiten. Vielleicht müssen unsere bisherigen Grenzen zusammenbrechen, um dem neuen Menschen Platz zu machen. Die bisherige Eltern-Kind-Beziehung war wie ein elastischer Anzug, der lange Jahre mitgewachsen ist. Nun ist aber die Grenze seiner Dehnbarkeit erreicht. Der Heranwachsende platzt aus allen Nähten, sein expandierendes Ich sprengt die als zu eng, als zu spießig erscheinenden Grenzen des Elternhauses. Mit aller Macht attackiert er uns an unseren Grenzen, um seine eigene Ich-Grenze auszuloten. Er muss manchmal übers Ziel schießen, um herauszufinden, was zu ihm passt und was nicht.

Es ist gut, wenn man zu zweit als Eltern solche Stürme durchsteht. Kann der eine nicht mehr, hält der andere das Steuer fest. Reagiert der eine über die Maßen, ruft der andere ihn zur Vernunft. Hat der eine dem Kind den Fehdehandschuh hingeworfen, hält der andere den Kontakt zum Kind aufrecht. Solange man als Elternpaar solidarisch denkt und handelt, bleibt das Familienschiff trotz Schlingerns auf Kurs. Dies ist auch bei getrennten oder geschiedenen Eltern möglich, wenn die Elternschaft weiterhin als gemeinsame Aufgabe verstanden wird.

Die Pubertät – eine Zeit der Reifung auch für die Eltern

Die Pubertät scheint nicht nur eine Zeit der Reifung für den Jugendlichen zu sein, sondern genauso für die Eltern. Indem der Jugendliche sich heftig an uns Eltern reibt, um die eigene Persönlichkeit herauszuschälen, werden an unserer eigenen Persönlichkeit Kanten abgewetzt und Schwachstellen bloßgelegt, wo wir bisher gehofft haben, wir kämen ungeschoren davon. Aber unsere heranwachsenden Kinder halten uns einen grellen Spiegel vor, wir erschauern vor dem Gesicht, das uns daraus anblickt. Wir sehen im rebellierenden Jugendlichen ein Stück von uns selbst, das wir am liebsten verleugnen würden.

Die Herausforderung von Seiten des Jugendlichen lautet: »Ich bin wie du, gefalle ich dir etwa nicht?«, »Ich werde ganz anders als du, passt es dir nicht?« oder »Wo bist du denn besser/klüger/anständiger als ich, woher nimmst du das Recht, mir vorzuschreiben, was ich zu tun habe?« Bisher ungefragte Anteile unserer Persönlichkeit und unseres Elternseins geraten ins Wanken, müssen hinterfragt und revidiert werden.

Es ist ein jähes Ende der jahrelangen Eltern-Kind-Harmonie. Gegen Ende der Pubertät ist man fast erleichtert, dass man bald getrennte Wege gehen wird. Je näher dieses Ende heranrückt, desto friedlicher wird es wieder, die Pubertätskämpfe ebben ab. Sind es am Ende vielleicht doch nur die überschießenden Hormone gewesen? Wohl nicht ganz, vielleicht hat sich nach all den gewaltsamen Grenzstreitigkeiten eine neue, angemessenere Grenze zwischen Heranwachsendem und Eltern gebildet, die für den ungewohnten Frieden verantwortlich ist. Und am Ende hat nicht nur der Heranwachsende von den Kämpfen gelernt, auch die Eltern sind klüger und bescheidener geworden.

Wir entlassen unsere Kinder

Die Zeit vergeht, und irgendwann merken wir auf einmal, dass unsere Kinder tatsächlich erwachsen werden und den Kinderschuhen längst entwachsen sind. Sie wollen überhaupt nicht mehr »Kinder« genannt werden, höchstens noch »Kids«. Dann fangen wir doch langsam an, um eine einzigartig schöne, aber auch anstrengende Zeit zu trauern.

Wenn wir als Eltern realisieren, dass die *aktive* Elternzeit doch nicht unendlich ist, beginnen wir die restliche Zeit, in der wir die »Kids« noch bei uns haben, zu genießen. Wir werden gelassener, wo wir früher miteinander in Streit und Stress geraten sind. Wir freuen uns, wenn die Kinder sich überhaupt zu Hause blicken lassen, und sind dankbar, wenn sie uns hin und wieder etwas von sich erzählen und uns hier und da einen kleinen Einblick in ihr Privatleben gewähren.

Wir fangen an, die verbleibenden Tage und Monate zu genießen. Die Zukunft mit älter werdenden Kindern ist ja durchaus ungewiss. Wir wissen nicht, wann sie ihren ersten Freund oder ihre erste Freundin bekommen oder wer der oder die Neue sein wird. Wir wissen nicht, wann sie das Elternhaus verlassen werden. Wir wissen nicht, ob sie in der Nähe bleiben oder in die weite Welt ziehen werden. Wir wissen nicht, wie ihr zukünftiges Leben verlaufen wird. Wir geben die Sache langsam aus der Hand, wir bestimmen und kontrollieren nicht mehr über ihr Leben. Es ist schön, ihnen als eigenständigen Personen vertrauen zu können, dass sie ihren Lebensweg finden werden. Es ist schön, sie dem Leben anzuvertrauen. Und wir sind dankbar, wenn sie einigermaßen gut geraten sind – für den Rest müssen sie selbst sorgen.

Gewiss, wir wissen auch, wir haben unsere Fehler in der Erziehung gemacht. Durch unsere Kinder werden wir immer wieder mit den Konsequenzen konfrontiert. Aber auch das gehört zum Elternsein. Man kann nicht Eltern werden, ohne je Fehler, manchmal auch gravierende Fehler zu machen. Man lernt sich zu verzeihen, man hofft, dass das Kind einem auch verzeiht, wenn nicht jetzt, vielleicht später, und nimmt sich vor, es beim nächsten Kind besser zu machen, sofern noch jüngere Geschwister im Hause sind.

Nun kommt die Zeit des Abschieds und Neubeginns. Nun macht sich das Boot langsam startklar für die Fahrt aus dem heimatlichen Hafen. Wir hoffen, es wird sich als ausreichend seetüchtig erweisen. Die ganze Welt steht ihm offen. Es wird sich bald aus dem elterlichen Schlepptau lösen und mit eigener Kraft weiterfahren.

Im Laufe der Elternschaft sind wir älter geworden. Am Anfang waren wir noch erschrocken, als wir die ersten Anzeichen des Älterwerdens bemerkten – die ersten Speckfalten, das sich lichtende Haar. Mit der Zeit haben wir uns daran gewöhnt und wir merken, dass unser Älterwerden parallel verläuft mit dem Erwachsenwerden unserer Kinder. Es ist, als hätten wir unsere Jugend an die Kinder weitergegeben. Wir fallen zurück, während sie voller Dampf voraus Kurs aufs offene Meer nehmen.

Biologen und Soziologen vertreten die Meinung, dass Menschenkinder als Nesthocker im Vergleich zu anderen Lebewesen so außerordentlich lang brauchen, um erwachsen zu werden, weil es so viel zu lernen gibt, bis sie ihr eigenes Leben führen können. Wenn mir der Vergleich mit den Schildkröten gestattet ist, die ihre Eier im Sand legen und dann wieder ins Meer robben, um ihr eigenes Leben weiterzuführen (Schildkröten leben ja bekanntlich sehr lange), dann bin ich froh, dass wir Menscheneltern so viele Jahre haben, um unsere Kinder in ihrem Heranreifen zu begleiten. Darüber werde ich gerne alt.

Partnerschaft im mittleren Alter

Die existenzielle Krise in den heutigen Paar- und Familienbeziehungen

Wir haben bisher viel über die Zwischengeneration und ihre Bedeutung für die Familie gehört. Es könnte aber durchaus sein, dass in 10, 20 Jahren das, was ich in diesem Buch beschreibe, kaum mehr Bedeutung hat. Die Generationsfolge in unserer modernen Gesellschaft droht zu versiegen. Immer mehr junge Menschen beschließen, kinderlos zu bleiben. So werden immer weniger Kinder geboren, und die Familien, in die sie noch geboren werden, zerbrechen oft schon nach kurzer Zeit. Wir befinden uns in einer existenziellen Krise der Familie. Deshalb möchte ich mich in diesem Teil des Buches diesem Problem widmen.

Die zentrale Stellung der Zwischengeneration
in der Familie

Die mittlere Generation nimmt, wie wir gesehen haben, eine zentrale Stellung in der Generationsarbeit ein: Die materielle Versorgung der Familie, die Erziehung der Kinder und die Versorgung alternder Eltern liegt in ihren Händen. Die Fäden aller generativen Aufgaben laufen bei dem Paar im mittleren Lebensalter zusammen. Diese Flut an Aufträgen kann man nur bewältigen, wenn man sich gegenseitig unterstützt. Dabei geht es nicht nur um das gemeinsame Anpacken konkreter Arbeiten, sondern auch um das Teilen der Sorgen und Freuden. Das macht den Kern einer partnerschaftlichen Beziehung aus. Dafür ist es essenziell wichtig, dass beide Partner zueinander halten und einander beistehen.

Trennungen, Scheidungen, zerbrochene Familien

Wir stellen aber fest, dass gerade im mittleren Lebensabschnitt Paare sich häufig trennen und scheiden lassen. Diese Tendenz ist steigend. Während Frauen nach der Trennung häufig allein bleiben und die Kinder allein aufziehen, finden die Männer oft schon wenig später eine neue Freundin oder Frau – meist eine jüngere! Die Lasten sind nun eindeutig ungleich verteilt.

Wie kommt es zu einer solchen Entwicklung? Im Grunde ist sie bereits früh in der Sozialisation von Jungen und Mädchen vorgegeben. Sie ist ein Hauptpfeiler der patriarchalen Ordnung: Die Frauen dienen, die Männer lassen sich bedienen. Die Lasten sind von Anfang an ungleich verteilt.

Frauen tragen die Hauptlast der Generationsarbeit

Es ist empirisch belegt, dass Frauen in unserer Gesellschaft die Hauptlast der Generationsarbeit tragen.* Frauen sind es vor allem, die sich unter erheblichem persönlichen Einsatz um Männer, Kinder und Alte kümmern, und davon wiederum überwiegend Frauen der mittleren Generation. Hier fällt oft der Begriff *Sandwichgeneration:* eine Generation, eingeklemmt zwischen den Bedürfnissen ihrer jungen und alten Angehörigen.

Interessant ist dabei die empirische Feststellung, dass sich Frauen nicht nur um Kinder und Alte zu kümmern haben, zwei Gruppen, die tatsächlich der Hilfe bedürfen, sondern auch um die Männer ihrer Familie – ihre Väter, ihre Ehemänner, ihre erwachsenen Söhne.

Der traditionelle weibliche Lebenszyklus

Die Weichen werden schon früh gestellt: Mädchen lernen früh, ihre natürlichen Aggressionen zu zügeln und zu bändigen. Sie lernen Selbstbeherrschung, das heißt, ihre eigenen Bedürfnisse zurückzustellen und stattdessen die Bedürfnisse und Bedürftigkeit anderer zu sehen und zu befriedigen. Ihr Hauptaugenmerk liegt auf dem Du und nicht auf dem Ich. Jungen werden anders erzogen. Ihre Erziehung zielt auf ein starkes Ich. Wer andere unterwirft, ist Sieger und kann alles für sich beanspruchen. Das Du hat sich unterzuordnen, zu gehorchen, zu folgen.

---

* Die in diesem Kapitel zitierten Befunde zur weiblichen Sozialisation stammen vorwiegend aus: Monica McGoldrick, Carol M. Anderson u. Froma Walsh: *Feministische Familientherapie in Theorie und Praxis,* Freiburg: Lambertus 1991 und Michael D. Kahn u. Karen Gail Lewis: *Siblings in Therapy. Life Span and Clinical Issues,* New York, London: Norton 1988.

Mädchen lernen früh, Jungen zu folgen. Während bei Männern sich Beruf und Familie glänzend ergänzen – je besser ausgebildet ein Mann ist, desto höher sind seine Heiratschancen –, stehen für Frauen Karriere und Familie in einem unlösbaren Konflikt. Auch das ist empirisch belegt: Verheirateten Männer geht es besser als unverheirateten – bei Frauen ist es genau umgekehrt: Verheiratete Frauen haben mehr psychische und gesundheitliche Probleme als unverheiratete.

Eine Frau steht am Ende ihrer Ausbildung vor der vielleicht schwerwiegendsten Entscheidung ihres Lebens: Fängt sie ernsthaft mit einer Karriere an oder heiratet sie und bekommt Kinder? Die biologische Uhr beginnt lauter zu ticken. Viele Frauen werden durch die frühe Prägung auf den Mann als das eigentliche Lebensziel einer Frau überrumpelt, obwohl sie sich vorgenommen haben, die eigene Karriere ernst zu nehmen. Stereotype sitzen tief. Dann kommt noch die Erwartung der Umwelt und Familie dazu: Eine Frau, die Karriere macht, entfremdet sich oft von ihrer Herkunftsfamilie. Wenn sie aber beschließt zu heiraten, wird sie mit offenen Armen wieder aufgenommen. Familiäre Erwartungen, Sanktionen und Unterstützung spielen eine große Rolle bei der Entscheidung zwischen Beruf und Ehe.

Wir werden im Folgenden den Lebenslauf einer Frau verfolgen, die sich für Ehe und Kinder entscheidet. Den Lebenslauf von Frauen, die Single bleiben, werden wir uns in einem späteren Kapitel anschauen.

Die Entscheidung für Ehe und Kinder

Entscheidet sich eine Frau für die Familie, wird sie oft ihre Interessen denen ihres Mannes unterordnen. Sie gibt häufig ihren Familiennamen, ihre Arbeit, ihren Freundeskreis, ihr Elternhaus und ihr soziales Netzwerk auf (obwohl Letzteres für Frauen meist eine größere Bedeutung besitzt als für Männer), um ihrem Partner dorthin zu folgen, wo er eine Arbeit findet.

Die Frau wird sich fortan auch noch um ihre Schwiegereltern kümmern. Von einer Ehefrau wird erwartet, dass sie die Kontakte zu ihrer Schwiegerfamilie pflegt, ja dass sie deren Pflege im Alter übernimmt. Auch dies ist ein Relikt aus der patriarchalen Familienordnung, in der die Frau in die Familie des Mannes hineinheiratet und Teil seiner Familie wird.

Die gesellschaftliche Benachteiligung von Frauen mit Kindern

Obwohl Schwangerschaft, Geburt und Stillzeit zu den wunderbarsten Erfahrungen im Leben einer Frau gehören, ist dies doch eine Zeit, in der sie eine tiefe Metamorphose erlebt. Da braucht sie viel moralische Unterstützung aus dem Hintergrund. Außerdem benötigt sie handfeste Hilfen: jemand, der ihr beim Kochen hilft und ihr den Haushalt macht, jemand, der ihr das Baby abnimmt, damit sie einmal die einfachsten Dinge für sich machen kann: sich ausgiebig duschen und pflegen, zum Frisör gehen, sich mit einer Freundin im Café treffen. Selbst wenn eine Frau einen verständnisvollen Mann hat, muss er irgendwann wieder zurück zur Arbeit. Selbst wenn sie eine liebe Mutter hat, muss diese nach ein paar Wochen wieder nach Hause (um *ihren* Mann zu versorgen!). Und dann ist die Frau wieder auf sich selbst gestellt.

Hier ist die Gesellschaft gefragt. Wo sind die außerfamiliären Betreuungsmöglichkeiten fürs Kind, wenn Mutter und Kind aus dem Gröbsten heraus sind? Werden kostengünstige Kindergärten, Kindertagesstätten, Ganztagsschulen zur Verfügung gestellt? Unser soziales System bietet der Mutter kaum Entlastungsmöglichkeiten. Stattdessen wird das soziale Problem individualisiert, indem man an den Mutterinstinkt der Frau appelliert. Dies nährt nur ihr schlechtes Gewissen. Sie bekommt das Gefühl, eine Rabenmutter zu sein, wenn sie daran denkt, zurück in den Beruf zu gehen, statt zu Hause zu bleiben und Mann und Kind zu versorgen.

Das Problem potenziert sich mit jedem weiteren Kind. Mit einem Kind ist es für Frauen oft noch möglich, eine Arbeit wieder aufzunehmen. Hier ist auch eine gleichberechtigte Arbeitsteilung eher praktikabel, wenn der Vater sich etwa Erziehungsurlaub nimmt. Mit zwei oder mehr Kindern muss aber die Frau immer häufiger ihre berufliche Tätigkeit unterbrechen. Der Haushalt vergrößert sich, der finanzielle Druck steigt. Die Betreuung von mehreren Kindern, die altersbedingt unterschiedliche Anforderungen an die Erziehung stellen, macht die Familienarbeit zum Vollzeitjob. Da ist kaum mehr eine Lücke frei für eine Frau, selbst nur an Teilzeitarbeit zu denken.

Daher beobachtet die empirische Sozialforschung: Je mehr Kinder eine Familie bekommt, desto mehr entwickelt sich die Rollenverteilung in Richtung der traditionellen Familie, in der der Mann Vollzeit arbeiten geht und die Frau zu Hause bleibt, selbst wenn das Paar von einer gleichberechtigten Basis gestartet ist.

Es gibt durchaus gesellschaftlich realisierbare Alternativen: In Teilen des ehemaligen Ostblocks ist es heute immer noch selbstverständlich, dass eine ganztägige Kinderbetreuung von den Betrieben oder vom Staat angeboten wird. Mütter können nach der Erziehungspause ihre Arbeit mit gutem Gewissen wieder aufnehmen. Die meisten Frauen bringen 50 Prozent des Familieneinkommens in die Haushaltskasse. Der Ausdruck »Dazu-Verdienen« ist ihnen fremd. Sie tragen zwar immer noch die Dreifachbelastung Beruf – Haushalt – Kinder, aber Beruf und Kind(er) sind dort ohne weiteres miteinander vereinbar und eine Selbstverständlichkeit.

In der früheren DDR haben Frauen nach der Wende erfahren müssen, dass sie ohne Rücksicht auf ihre Wünsche auf die traditionelle Hausfrauenrolle reduziert wurden, indem Kindertagesstätten- und Kindergartenplätze einfach gestrichen wurden. Verstärkt wurde diese Entwicklung durch die Vernichtung vieler Arbeitsplätze. Ausgebildete Fachfrauen bekamen zu hören, sie sollten den Männern Platz machen und lieber zu Hause bei den Kindern bleiben.

An diesem bitteren Beispiel aus der jüngsten deutschen Geschichte wird klar, dass die hier beschriebene Rollenverteilung nicht allein ein Partnerschaftsproblem darstellt. Es ist auch ein gesellschaftliches Problem, eine Folge des patriarchalen Beziehungsmusters. Letztendlich ist das, was in den heutigen Partnerschaften ausgefochten wird, Teil einer tief greifenden gesellschaftlichen Umwälzung, die die Emanzipation der Geschlechter aus der jahrhundertealten patriarchalen Ordnung beinhaltet. Aber meistens werden die Paare sich allein überlassen. Sie müssen versuchen, ein gesellschaftliches Problem auf individuellem Wege zu lösen – und das kann nie vollständig gelingen. Dies sollten wir uns auch bei den Veränderungsvorschlägen, die ich später anführen werde, vor Augen halten.

Die Krise des Paares im mittleren Alter

Während das Leben der Frau mit zunehmendem Alter und zunehmender Kinderzahl sich immer mehr auf die häuslichen und kinderbezogenen Bereiche beschränkt, entfernt sich der Mann immer mehr. Viele Männer fühlen sich verdrängt durch die Kinder. Wenn sie von der Arbeit nach Hause kommen und sich konfrontiert sehen mit den Forderungen der Frau und der Kinder, fehlt ihnen die gewohnte Geborgenheit, die sie früher zu Hause gefunden haben. Statt sich um Kinder und Haushalt mitzukümmern, verziehen sie sich lieber vor den Fernseher oder Computer, sie gehen in eine Kneipe oder suchen sich eine andere (allein stehende) Frau, die ihnen die fehlende Nestwärme wiedergibt.

Dies ist eine gefährliche Zeit für die Paarbeziehung. Denn nun kommt noch ein anderer Faktor ins Spiel: die Alternativen für einen Partner, mit dem man nicht (mehr) zufrieden ist. Für Männer vergrößert sich mit zunehmendem Alter der Kreis möglicher Partnerinnen, während er für Frauen mittleren Alters, zumal mit Kindern, gegen Null geht.

Dieser Mangel an alternativen Partnern mag einer der Gründe sein, weshalb Frauen mittleren Alters bei einem Partner bleiben, selbst wenn er sich um nichts kümmert, fremdgeht oder einer Sucht verfallen ist. Eine Scheidung bedeutet für eine Frau, dass sie mit hoher Wahrscheinlichkeit danach allein bleibt, die Kinder allein versorgt und dazu noch arbeiten gehen muss. Sie bedeutet für eine Frau fast immer einen sozialen Abstieg, manchmal bis zur Sozialhilfe. Sie bedeutet meist eine fortgesetzte finanzielle Abhängigkeit vom ehemaligen Mann, wenn es um die Unterhaltszahlung für die Kinder (und für sie) geht. Und wenn sie einen neuen Mann finden sollte, muss sie sich oft noch um dessen Kinder aus erster Ehe mitkümmern, mit all den Problemen einer Stiefmutter.

Lebensabschnittspartner und Patchworkfamilien

Angesichts solcher empirisch feststellbarer Tatsachen empfinde ich es wie einen Hohn, wenn Fachleute, zumal Familientherapeuten, den *»Lebensabschnittspartner«* als Alternative zum Lebenspartner propagieren. Ich hege den Verdacht, dass diejenigen, die solches anpreisen, selbst zu den Nutznießern von »Ex-und-hopp-Beziehungen« gehören. Männer behalten bis ins Alter ihren vergleichsweise hohen Marktwert auf dem Heirats- und Beziehungsmarkt. Und mit solchen neumodischen Idealnormen lässt sich »die Alte« leichteren Herzens und ruhigeren Gewissens entsorgen.

Leidtragende sind erstens die Frauen, die zuerst die Hauptbürde der Beziehung und Familie tragen und, nachdem sie ausgedient haben, verlassen und gegen eine andere, meist jüngere ausgetauscht werden.

Leidtragende sind zweitens die Kinder. Wenn Menschen Lebensabschnitts-Partnerschaften zum Ideal erheben, sollten sie aber auch dafür Sorge tragen, dass aus solchen Abschnittsbeziehungen keine Kinder hervorgehen. Es gibt keine Lebensabschnitts-Elternschaft, es gibt nur lebenslange Elternschaft. Kinder brauchen eine dauerhaft intakte Familie.

Patchworkfamilien, so »modern« sie klingen mögen, sind nur die zweitbeste Lösung – und aus Sicht der Kinder sind sie nur eine Notlösung (außer in Fällen, wo sie sonst vernachlässigt, misshandelt oder missbraucht werden). Ein Jugendlicher drückte es so aus: »Der Freund meiner Mutter hat im Grunde mit mir nichts zu tun, genauso wenig wie seine Kinder, auch wenn meine Mutter sie mir als ›Vater‹ und ›Geschwister‹ verkaufen möchte.«

Durch das Zusammenleben zweier Familien wie in *einer* Familie entstehen unangemessene Intimitäten zum Liebespartner der Mutter sowie zu dessen Kindern, mit denen man überhaupt nicht verwandt ist. Aus der Grenzverwischung ergeben sich verständlicherweise leicht Revierkämpfe und missbräuchliche Grenzübertretungen im Verhältnis zwischen den Stiefgeschwistern sowie im Verhältnis zum Stiefvater beziehungsweise zur Stiefmutter.

Auch eine Bemerkung wie »Dein Kind und mein Kind haben unser Kind verschlagen!« ist gar nicht so witzig, wie sie auf den ersten Blick erscheinen mag. Sie ist vielmehr Ausdruck der realen Aggression, die durch die Vermischung zweier Familien auf engstem Raum bei Kindern entsteht. Kinder und Jugendliche werden von der Situation emotional überfrachtet und sind in ihrer Differenzierungsfähigkeit überfordert. Sie tragen schuldlos an den Folgen der Fehltritte und Fehlentscheidungen ihrer Eltern.

Früher waren Stieffamilien eine Notlösung, wenn ein Elternteil, vor allem die Mutter, starb. Die Säuglings- und Müttersterblichkeit waren hoch. Stiefmütter, Stiefgeschwister und Halbgeschwister waren oft unvermeidlich. Solche Familien sollte es auch heute wirklich nur in Notsituationen geben. Als schicke modische Variante zur Normalfamilie sind sie untauglich. Kinder haben ein Recht darauf, in intakten Familien aufzuwachsen. Auch im Gebrauch der Sprache sollten wir genauer sein: Stieffamilien (in diesem Wort ist die ganze Härte der Familienkonstellation spürbar) »Patchworkfamilien« zu nennen, ist eine bedenkliche Verharmlosung und Verschleierung – Flickschusterei wird damit leichtfertig zum Kunstwerk erhoben.

Wenn Frauen sich von patriarchalen Beziehungen lösen

Es ist ganz natürlich, dass diejenigen, die unter einer Situation mehr leiden als andere, auch mehr daran interessiert sind, sie zu ändern oder zu beenden. Es überrascht daher nicht, dass im Zuge der Frauenemanzipation immer mehr Frauen ihr Schicksal in die eigene Hand nehmen.

Heute lassen sich zunehmend mehr Frauen scheiden als früher, da Frauen heute selbständiger geworden sind und ihre Kinder allein aufziehen können. Immer mehr junge Frauen überlegen sich ernsthaft, Single zu bleiben oder, wenn sie mit einem Partner zusammenleben, keine Kinder zu bekommen. Auch Abtreibungen sind ein Zeichen für das mangelnde Vertrauen der betreffenden Frauen in ihre Partner, dass diese ihnen verlässlich in Zeiten der Not zur Seite stehen würden.

Wir haben heute also eine Situation, in der sich immer mehr Frauen aus gutem Grund von der generativen, das heißt familiären Aufgabe verabschieden. Sie wollen nicht mehr ungleich behandelt werden, sie wollen nicht mehr dem Mann dienen, sie wollen nicht mehr den überwiegenden Teil der Generationsarbeit übernehmen und dafür auch noch verachtet werden. In den 70er-Jahren gab es während des Streits um die Reform des § 218 eine von den meisten Männern nicht ganz ernst genommene Drohung einiger Fraueninitiativen, in einen »Gebärstreik« zu treten. Die Parole ist zwar aus der öffentlichen Debatte verschwunden, aber wir haben heute faktisch eine Situation, in der sich immer mehr Frauen bewusst weigern, Kinder zu bekommen.

Die Zukunft der Familie steht auf dem Spiel

Wir befinden uns heute in einer prekären Übergangsphase, in der patriarchale Strukturen zerbröckeln, ohne dass sich nennenswerte alternative Beziehungsformen nachgebildet hätten. In dieser Situation ist die Gefahr groß, dass wir uns auch als Gesellschaft von der generativen Aufgabe verabschieden – etwas, was weder Frauen noch Männer wirklich wollen. Die Zukunft der Familie steht auf dem Spiel.

Ich glaube, seitens der Frauen gibt es genügend Anstrengungen, diesen desolaten Zustand zu überwinden. Ich kenne viele Frauen, die angesichts katastrophaler Beziehungsprobleme ihren

Partner vergeblich um eine gemeinsame Paartherapie gebeten haben, bis sie irgendwann resigniert und beschlossen haben, allein in Therapie zu gehen, um ihre Abhängigkeit vom Mann zu beenden und sich zu lösen. Ich möchte die Männer dafür gewinnen, sich ebenfalls für eine Veränderung ihres Selbstverständnisses und ihres partnerschaftlichen Verhaltens einzusetzen.

Die nachfolgenden Veränderungsvorschläge für Frauen und Männer setzen auf der individuellen und partnerschaftlichen Ebene an. Sie können keine kinder-, frauen- und männerfreundliche Politik ersetzen. Sie können diese nur fördern und ergänzen.

Was können überlastete Frauen für sich tun?

Was können überlastete Frauen für sich tun?

- Auf das eigene Wohlergehen achten. Sich täglich Zeit für sich nehmen.
- Sich schätzen und lieben lernen, ein positives Selbstbewusstsein aufbauen.
- Weibliche Eigenschaften wie Wärme, Einfühlung, Anpassungsfähigkeit und Vielseitigkeit als wertvollen Beitrag für Gemeinschaft und Familie ansehen und stolz darauf sein.
- Süchte ablegen (zum Beispiel Essen, Trinken, Rauchen, Medikamente, Fernsehen) – einschließlich der Sucht, von anderen gebraucht zu werden.

- Grenzen ziehen. Damit aufhören, sich aufzuopfern. Sich gegen überzogene Ansprüche wehren.
- Den Partner, die Kinder, die alten Eltern zu Selbständigkeit erziehen.
- Ein eigenes Zimmer mit verschließbarer Tür beanspruchen.
- Einen eigenen Lebensbereich aufbauen, eigenen Interessen nachgehen.
- Den eigenen Beruf als Kraftquelle schätzen. Während der Babypause den beruflichen Wiedereinstieg konsequent vorbereiten. Rechtzeitig für Kinderbetreuung sorgen.
- Für die eigene Altersvorsorge sorgen.
- Auf die Früchte der eigenen Arbeit im Beruf, in der Familie und im sozialen Netzwerk stolz sein und sie genießen.

Ein positives Selbstbewusstsein entwickeln; weibliche Eigenschaften schätzen

Was können überlastete Frauen der Zwischengeneration für sich tun? Das Wichtigste besteht darin, ein positives Selbstbewusstsein aufzubauen und die weiblichen Eigenschaften in sich selbst schätzen zu lernen. Sensibel und einfühlend zu sein und Menschen in Not zu helfen, ist eine wertvolle soziale Eigenschaft. Sie ist wichtiger für den Aufbau einer menschenwürdigen Gesellschaft als Erfolgsorientierung und Ellenbogenmentalität.

Menschliche Gemeinschaften bauen auf *Interdependenz*, das heißt auf *Gegenseitigkeit, Austausch, Anpassung* und *Verbindlichkeit* auf. Dies sind traditionell weibliche Werte. Dadurch entstehen *soziale Netzwerke*, die in ihrer Komplexität ökologischen Systemen gleichen. Vielen Frauen ist das Verbunden- und Eingebettetsein in einem sozialen Netzwerk wichtiger als individueller Erfolg.

Eine Frau hat einmal die vielseitigen Interessen von Frauen mit dem Flechten eines Zopfes verglichen: »Du darfst keinen Strang vernachlässigen, sonst stimmt der Zopf nicht mehr. Wenn ich sehr schmalspurig ein Ziel verfolge ..., merke ich nach einiger Zeit, daß mir was verlorengeht, daß ich traurig werde und den Bezug zu mir verliere.*

Die Sozial- und Humanwissenschaften haben zu lange die menschliche Entwicklung aus männlicher Sicht beschrieben. Männliche Entwicklung ist eher ziel- und leistungsorientiert. Die für Männer erstrebenswerten Lebensziele werden mit den Begriffen *Individuation, Unabhängigkeit* und *Autonomie* definiert. Weibliche Verhaltensweisen werden oft als krankhaft etikettiert, zum Beispiel mit Begriffen wie *Helfersyndrom* und *Beziehungssucht.* Dabei wird aber übersehen, dass eine Gesellschaft menschenfeindlich wird, wenn sie sich ausschließlich nach männlich definierten Zielen richtet. Unser globales Politik- und Wirtschaftssystem ist auf diesen Prinzipien aufgebaut, und wir erkennen langsam, welch katastrophale Auswirkungen es auf die Umwelt, unsere natürlichen Ressourcen und die menschliche Gemeinschaft hat. Es ist meines Erachtens nicht zufällig, dass die Emanzipationsbewegungen sich gemeinsam mit dem Erwachen des Umweltbewusstseins entwickelt haben.

* Gisela Kramer: »Umwege, auch Irrwege, gehören dazu. Frauen und ihre Lebensziele und Lebensplanungen«, in: *Frankfurter Rundschau* vom 23. Januar 1999.

Zu eigenen Interessen und Bedürfnissen stehen; Partner und Kinder zu Selbständigkeit erziehen

Frauen in der traditionellen Frauenrolle stellen häufig ihre eigenen Bedürfnisse hinter die Interessen anderer Menschen. Sie vernachlässigen sich, überspringen die eigene Müdigkeit oder Unlust, wenn sie mit anderen zusammen sind. Für Frauen kann es außerordentlich schwer sein zu lernen, die eigenen Bedürfnisse und Interessen ernst zu nehmen. Im Grunde ihres Herzens lehnen viele Frauen sich selbst ab. Sie empfinden eine tiefe Verachtung für sich selbst und fühlen sich unwürdig, je als Erste bedacht zu werden. Dies ist eine der schwersten Hürden auf dem Weg zur Emanzipation.

Eine Frau, die zu sich steht, wird sich nicht mehr blind aufopfern für andere, sondern sich gegen übermäßige Ansprüche abgrenzen. Sie kann ihren Mann, ihre Kinder (und ihre Eltern) zu mehr Selbständigkeit erziehen, wenn sie klare Grenzen zieht und sich konsequent weigert, zu viel für sie zu tun. Sie kann ihnen Aufgaben im gemeinsamen Haushalt zuteilen und deren Erfüllung kontrollieren. Konsequenz und Klarheit sind hier angebracht. Murren und Beschwerden von Seiten der Familie gehören zu diesem neuen Anpassungsprozess. Manches muss fair ausgehandelt werden, wie unter gleichberechtigten Verhandlungspartnern.

Wenn eine Frau beginnt, auf sich selbst zu achten, wird sie auch von der Gegenseite geachtet werden. Schließlich liegt ihr Wohlergehen allen in der Familie am Herzen. Sie hat es bisher nur nicht eingefordert.

Einen eigenen Lebensbereich aufbauen

Gleichzeitig kann eine Frau einen eigenen Lebensbereich aufbauen. Um ihren persönlichen Interessen ungestört nachgehen zu können, kann sie ein Zimmer für sich allein beanspruchen, dessen Tür sie bei Bedarf von innen abschließen kann. Jeder, der zu ihr möchte, muss anklopfen und warten. Das eigene Leben aufzubauen ist wie die Pflege eines Blumenbeetes. Es muss gegen Frost, Unkraut und Schnecken geschützt werden. Es muss beständig gepflegt, begossen und gejätet werden.

Regelmäßig für sich sorgen

Eine Frau kann mit der Pflege ihrer selbst beginnen, indem sie den Anfang und das Ende des Tages für sich reserviert: »Die erste halbe Stunde am Tag gehört mir, ebenso die letzte halbe Stunde!« In dieser kostbaren halben Stunde schließt sie sich am besten im eigenen Zimmer ein.

Morgens ist es schön, regelmäßige körperliche oder meditative Übungen zu machen: Die Frau tut damit etwas für die eigene körperliche und seelische Gesundheit und nimmt sich gleich als Erstes am Tag Zeit für sich, um sich zu sammeln und zu sich selbst zu finden. In der letzten halben Stunde am Abend kann sie entspannt in einem Roman lesen oder sich eine Lektion in einer Fremdsprache vornehmen, die sie schon immer einmal lernen wollte. Oder sie kann sich schlicht hinlegen und den vergangenen Tag noch einmal vorm geistigen Auge vorbeiziehen lassen und ihn loslassen.

Diese »Übungen«, so unspektakulär sie nach außen vielleicht erscheinen mögen, können ungeheuer wertvoll sein, wenn sie regelmäßig ausgeführt werden. Wir sollten sie nicht als Zwang betrachten und uns keine Vorwürfe machen, wenn wir sie einmal versäumt haben. Wenn wir sie uns zur Gewohnheit machen, werden sie uns bald von selbst fehlen.

Sich regelmäßige Pausen und Urlaube einrichten; für genügend viele Bezugspersonen für Kinder und Eltern sorgen

Neben diesen regelmäßigen Zeiten während des Tages kann sich eine Frau auch während der Woche und während des Jahres regelmäßige Pausen und Auszeiten einrichten, in denen sie nur etwas für sich tut, zum Beispiel mit einer Freundin verreisen. Die Kinder oder die Eltern, die sie sonst zu versorgen hat, kann sie in gute Hände geben.

Mir ist der Spruch einer alten Bekannten in Erinnerung geblieben: »Jedes Kind braucht sieben Bezugspersonen!« Wenn die Eltern ihr Leben mit dem Kind von Anfang an so einrichten, dass das Baby mit sieben Bezugspersonen regelmäßigen Kontakt hat, hat das Kind erstens eine überschaubare Gruppe von Menschen, mit denen es mit der Zeit vertraut werden kann. Zweitens findet es immer genügend Abwechslung und Anregung, und drittens sind ausreichend Ausweichmöglichkeiten vorhanden, wenn die eine oder andere Bezugsperson keine Zeit hat.

Das Gleiche gilt grundsätzlich auch für alternde Eltern. Eine zu enge Symbiose zwischen erwachsener Tochter und pflegebedürftigen Eltern tut keiner Seite gut. Deshalb sollten die Eltern ermutigt werden, den Umgang mit Menschen ihrer Wahl zu pflegen. Ein Vater freut sich darüber, seine Skatbrüder oder alte Geschäftsfreunde regelmäßig zu treffen. Eine Mutter wirkt viel entspannter nach einem Nachmittag mit ihrer alten Freundin.

Die eigene Berufstätigkeit konsequent verfolgen

Für Frauen, die ihrer Familie wegen aus dem Berufsleben ausgestiegen sind, ist es wichtig, den Kontakt zum früheren Beruf aufrechtzuerhalten und zu pflegen oder neue berufliche Perspektiven frühzeitig zu entwerfen und konsequent zu verfolgen. Ehemann und Kinder werden die beruflichen Interessen der Frau leichter akzeptieren können, wenn sie mit gutem Gewissen dazu steht. Gerade hier kann sie ein gutes Vorbild für ihre Töchter sein.

Für die eigene Altersvorsorge sorgen

Es ist eminent wichtig für Frauen, sich frühzeitig selbst um die Altersversorgung zu kümmern. Wer sich hier nur auf den Mann oder die Kinder verlässt, handelt fahrlässig. Es kann zur Scheidung kommen, oder dem Mann stößt etwas zu und die Familie ist nicht genügend abgesichert.

Armut im Alter ist ein weit verbreitetes Phänomen unter Frauen! Dies hat mehrere Gründe: Hausfrauen oder Frauen, die aus familiären Gründen aus dem Arbeitsleben ausscheiden, haben oft keine oder zu wenig Rentenbeiträge eingezahlt, um später von der Rente leben zu können. Frauen bilden die Mehrheit derer, die die 630-Mark-Jobs annehmen. Wenn der Ehemann vor der Frau stirbt, was statistisch häufiger der Fall ist, beträgt ihre Witwenrente nur noch einen Teil seiner ursprünglich ihm zustehenden Rente. Bei Scheidungen kann der frühere Ehemann die Unterhaltszahlungen niedrig halten, vor allem wenn er eine neue Familie gründet. Immer mehr allein erziehende Mütter und ihre Kinder leben in unserem reichen Land in Armut.

Außerdem sind es vorwiegend Frauen, die ihre alten und kranken Familienangehörigen pflegen. In der mittleren Lebensphase müssen sie deshalb nicht selten ihre Berufstätigkeit zum zweiten Mal aufgeben oder unterbrechen. Und wenn die Pflege des Angehörigen zu kostspielig wird, tragen sie Teile der Kosten oft noch aus eigener Tasche. Auf die Unterstützung durch die eigenen Kinder angewiesen zu sein, kann für eine ältere Frau demütigend sein.

Aus all diesen Gründen ist es wichtig für Frauen, rechtzeitig damit zu beginnen, Geld für sich selbst beiseite zu legen und anzusparen. Für sich zu sorgen ist kein Zeichen von Egoismus oder Geldgier. Wenn der Partner kein Verständnis dafür hat, sollte die Frau trotzdem finanziell vorsorgen – notfalls ohne sein Wissen.

Auf die Früchte der eigenen Arbeit stolz sein und sie genießen

Frauen sind die tragende Säule unserer Familien und unserer Gesellschaft. Auch wenn die Männerwelt dies erst zögernd und widerwillig anerkennt, können Frauen selber stolz darauf sein. Wenn sie das Schöne, das sie in ihrer Familie, in ihrem sozialen System und ihrer Umwelt geschaffen haben, schätzen und genießen, geben sie sich ein Stück dessen zurück, was sie der Gemeinschaft geschenkt haben.

Was können Männer für sich und ihre Familien tun?

Was können Männer für sich und ihre Familien tun?

- Erkennen, dass das patriarchale System männerverachtend ist.
- Die männlich-narzisstische Selbstüberhöhung abbauen, stattdessen ein natürliches positives Selbstbewusstsein aufbauen.
- Die Scham vor den eigenen Gefühlen überwinden.
- Zur eigenen Würde und Liebe zurückfinden.
- Süchte ablegen (zum Beispiel Arbeit, Alkohol, Nikotin, Autos, Sex, Internet).
- Selbständiger werden und für sich selbst sorgen, statt sich von Frauen (Mutter, Ehefrau, Tochter) versorgen zu lassen.
- Die eigene Frau und andere Frauen (Mutter, Töchter, Kolleginnen und Mitarbeiterinnen) für ihre Leistungen, vor allem für die Erhaltung des Familiensystems und des sozialen Netzwerks, anerkennen.
- Sich mehr zur Verfügung stellen. Mehr für die Partnerin, die Kinder, die Eltern da sein, menschliche Intimität zulassen und genießen.

Was können Männer tun?

Man kann es kurz so ausdrücken: Männer sollten einerseits bescheidener werden und ihre männlich-narzisstische Selbstüberhöhung abbauen, andererseits können sie ihr gesundes Selbstbewusstsein stärken, indem sie mehr für ihre Partnerin, Kinder und Eltern da sind.

Ich glaube, Männer sind in Bezug auf Arbeit und Außenwelt in der Regel mutig und selbstbewusst, gegenüber ihren Familien fühlen sie sich aber merklich scheu und unsicher. Ihre großen Vorbilder beziehen sie häufig aus der Politik und Arbeitswelt. Dies sind typisch männliche Domänen. Aber wo finden sie gute Vorbilder als Söhne, Ehepartner und Väter? Solche Männer gibt es zwar, aber sie sind rar und machen wenig Aufhebens von sich.

Am ehesten kennen wir »gute« Großväter. Im Alter sind sie endlich aus der patriarchalen, männlichen Rolle befreit, sind aus dem Erwerbsleben und der Rolle als Familienoberhaupt entlassen. Als Rentner und Großväter bekommen sie eine neue Chance, ihrer Partnerin im Haushalt beizustehen, mit den (Enkel-)Kindern zu spielen und für die Familie da zu sein. Wenn es Großväter schaffen, menschlicher zu werden, können Männer vielleicht versuchen, es schon früher zu werden.

Die Scham vor den eigenen Gefühlen überwinden

Männer fühlen sich im familiären Bereich schnell verunsichert. Sie wissen nicht, wie sie ihre zärtlichen Gefühle ausdrücken können. Sie schämen sich, wenn sie »schwach« werden und Tränen aufsteigen fühlen. Diese Scham vor den eigenen Gefühlen, vor allem der Schwäche, wird ihnen bereits in ganz jungen Jahren eingeimpft. »Ein Junge weint nicht!«, »Sei keine Heulsuse!«, bekamen sie zu hören. Wo sollen sie aber mit ihren Gefühlen hin, wenn sie sie nicht zeigen dürfen? Sie müssen sie unterdrücken, herunterschlucken, verdrängen.

Die männliche Sozialisation ist gepflastert mit Beschämung, Verachtung und Selbstablehnung. Männer sind voll von Klischees, wie sie *nicht* sein sollen, um als männlich zu gelten: Gefühlvoll zu sein bringt sie in die Nähe von Schwulen und Softies, zu große Härte macht sie zum Macho. Was ist Männlichkeit überhaupt? Wann sind Männer männlich genug?

Das patriarchale System ist männerverachtend

Solange Männer versuchen, einem fiktiven oder ideologischen Männlichkeitsideal nachzulaufen, sind sie auf der Flucht. Sie fliehen vor der Verachtung durch die Männerwelt und vor ihrer eigenen Selbstverachtung. *Männlich ist aus dieser Sicht derjenige, der sich selbst als Mann verachtet.* Diese verbreitetste Form der Männlichkeit hat als Kernmotiv die Selbstverachtung. Sie ist im Wesen männerverachtend, noch mehr, als sie frauenverachtend ist! Sie ist deshalb selbstdestruktiv, sie zerstört das Selbst im Mann, sie erodiert seine Würde und seinen Selbstrespekt. Beraubt man einen Menschen aber seiner Würde und seiner Selbstachtung, dann wird er gemeinschaftsunfähig, er wird unberechenbar und bösartig. Hierin sehe ich eine der Hauptursachen für die Gewalttätigkeit im Mann.

Wenn die Männer erkennen, dass das patriarchale Prinzip im Kern männerverachtend ist, dann müsste diese Erkenntnis allein schon ausreichen, sich von dieser Ideologie und Gesellschaftsform loszusagen. Sie brauchen sich dabei nicht auf die Solidarität mit Frauen zu berufen. Es liegt in ihrem ureigensten Interesse, männerverachtende patriarchale Denk- und Verhaltensweisen in sich selbst wie auch bei anderen Männern (und Frauen) kritisch zu hinterfragen und abzubauen.

Das patriarchale System wird Männer zwar weiter zu locken versuchen mit den Annehmlichkeiten männlicher Herrschaft, mit Macht, Ansehen, Sex, Besitz und Reichtum. Dies sind aber nur äußere Annehmlichkeiten, sie sättigen nicht, sie nähren nicht die Seele. Daher bietet das System diese Dinge im Übermaß an: Sucht ist heute das hervorstechendste Merkmal einer im Untergehen befindlichen patriarchalen Ordnung.

Zur eigenen Würde und Liebe zurückfinden

Was bringt Männer wieder in die menschliche Gesellschaft und die Familie zurück? Würde und Liebe sich selbst gegenüber.

Würde ist das einzig wirksame Gegengift gegen Scham und Selbstverachtung, weil sie den Zugang zu unserem wahren Selbst, unserem Wesenskern wieder öffnet. Würde ist das Gefühl, in sich und für sich wertvoll zu sein. Würde braucht keine äußeren Attribute – wir müssen keine »Würdenträger« sein, um innere Würde zu empfinden. Wenn wir in uns Würde empfinden, weicht die Selbstverachtung von uns. Wenn wir einem anderen Menschen in Würde begegnen, achten wir auf die Einhaltung von persönlichen Grenzen. Würde hält uns davor zurück, uns verletzen zu lassen und andere zu verletzen. Wir achten auf die Erhaltung unserer und ihrer Integrität.

Was können Männer konkret tun?

Sich Zeit nehmen

Zu den wichtigsten Dingen gehört es heute, sich Zeit zu nehmen. Zeit ist vielleicht das Wertvollste, was wir haben. Dies wird uns besonders deutlich in der Beziehung zu unseren Kindern, die mit jedem Tag größer werden und irgendwann das Haus verlassen, sowie in der Beziehung zu unseren älter werdenden Eltern, bei denen wir nicht wissen, wann die Stunde des Abschieds naht. Und wir wissen auch nicht, wie viel Zeit uns noch mit unseren Lebenspartnern zur Verfügung steht.

Diese Grundwahrheit des Lebens geht im Trubel des Alltags leicht verloren. Wir meinen, unendlich Zeit zur Verfügung zu haben und verschieben die wichtigsten Dinge im Leben auf später. Und wenn ein Später nie kommt? Wenn der Tod uns oder unsere Lieben plötzlich aus dem Leben reißt? Dann hat der Zurückgebliebene mit einer unerfüllten Sehnsucht weiterzuleben.

Sich Zeit nehmen für die Kinder

John Lennon schrieb 1980, kurz bevor er ermordet wurde, ein Schlaflied für seinen vierjährigen Sohn Sean (zu finden auf der CD *Double Fantasy*). Es heißt »Beautiful Boy« und endet mit dem Satz: »Leben ist, was dir passiert, während du gerade damit beschäftigt bist, andere Pläne zu machen.«

John Lennon, damals bereits 40 Jahre alt, soll sich sehr viel Zeit für seinen kleinen Sohn genommen haben. Als er mit Anfang 20 seinen ersten Sohn (aus seiner ersten Ehe) hatte, stieg er mit den »Beatles« gerade kometenhaft auf. Er war damals kaum zu Hause. Da hatte er große Pläne zu verwirklichen und vielleicht keine Zeit, um seinen kleinen Sohn vor den Monstern seiner Phantasie zu schützen oder ihn an die Hand zu nehmen und über die Straße zu begleiten.

Die meisten Männer in unserer Gesellschaft müssen arbeiten gehen. Dennoch: Können sie sich nach der Arbeit nicht mehr Zeit nehmen, um einfach zu Hause da zu sein? Ich erlebe gerade, da ich mir einige Wochen frei genommen habe, um zu schreiben, wie sich das Leben anders anfühlt zu Hause. Die Kinder morgens fertig machen und verabschieden. Mit der Frau noch den Tagesablauf besprechen und auch sie verabschieden. Eben hat die älteste Tochter den Schulbus verpasst. Ich bin gerade da, kann sie hinfahren, kaufe auf dem Rückweg ein paar Blumen für alle. Heimgekommen, finde ich eine Nachricht von meiner Frau auf dem Anrufbeantworter vor, ich solle das Fleisch aus dem Gefrierfach holen. Mittags kommt die zweite Tochter nach Hause, erzählt mir strahlend, dass sie heute keine Hausaufgaben hat, zeigt mir die Stickerei, die sie im Technischen Werken gerade macht. Um 12.30 Uhr muss ich anfangen, das Mittagessen vorzubereiten, weil meine Frau heute den Jüngsten vom Kindergarten abholt und später heimkommt und die Älteste gleich wieder weg zu ihrer ersten Fahrstunde muss. Sie ist ganz aufgeregt, kann nichts essen.

Es geschehen so viele Dinge an einem einzigen Vormittag. Normalerweise würde ich sie gar nicht mitbekommen, weil ich weg am Arbeitsplatz wäre. Die große Tochter wäre auch ohne meine Hilfe irgendwie in die Schule gekommen, man hätte das Mittagessen auch vom Imbiss nebenan holen können. Aber: Wir hätten uns nicht gesehen und nicht erlebt.

In diesen kleinen Nebensächlichkeiten liegt eine Lebensqualität, die uns nur eine Familie bieten kann. Wenn ich an meine Schulzeit zurückdenke, dann ist es für mich eine der wichtigsten Erinnerungen, wie unsere Mutter mittags immer mit einem fertigen Essen auf uns gewartet hat. Jahraus, jahrein hat sie dies für uns Kinder getan, und das Kochen fiel ihr keinesfalls leicht, weil sie es von zu Hause nicht gelernt hatte. Dafür bin ich ihr von Herzen dankbar.

Wenn ich an die Erlebnisse an diesem Vormittag denke, haben sie natürlich auch ihre Schattenseite. All die Vorkommnisse an diesem Morgen sind Unterbrechungen für meine derzeit eigentliche Arbeit, das Schreiben. Wenn die Kinder dies und jenes brauchen oder irgendwohin gefahren werden möchten, fühle ich mich wie ein Chauffeur oder ein Hausmeister – aber ist die Aufgabe einer Hausfrau eine andere? Meine Frau macht das jeden Tag, ohne sich besonders zu beklagen.

Männer müssen erst einmal ihre eigene Bedeutsamkeit zurücknehmen und sich in die zweite Reihe zurückfallen lassen. Sie müssen abrufbar sein, das heißt, die anderen dürfen einen stören, wenn sie etwas wollen oder brauchen. (Während Mütter eine Tür zwischen sich und ihrer Familie benötigen.) Wenn der kleine Sohn Angst bekommt vor den Ungeheuern, wenn die mittlere Tochter sich am Finger wehgetan hat, wenn die ältere Tochter mit den englischen Vokabeln nicht klarkommt – dann ist es schön, den Vater da zu haben und zu ihm gehen zu können.

Sich Zeit nehmen für die Partnerin

Manche Paare sind wie ein eingespieltes Team, das die gemeinsamen Aufgaben routiniert erledigt. Alle Griffe sitzen, selbst die kleinen Gesten des Abschieds und Wiedersehens haben sich automatisiert. Aber es ist oft nur ein Nebeneinander, man sieht sich kaum einmal richtig in die Augen. Fürs richtige Miteinander brauchen wir aber Zeit – Zeit, die frei zur Verfügung steht, ohne irgendeine Aufgabe, die man anpacken muss, ohne Termindruck, dass man dieses Kind abholen und jenes wegbringen muss.

Als eine gute Zeit zum Kommunizieren erweist sich zum Beispiel die Zeit vor dem Ins-Bett-Gehen. Die Kinder schlafen endlich. Der Haushalt ruht. Man macht sich gemütlich fertig für die Nacht, und währenddessen hat man Zeit, um über dieses oder jenes zu plaudern, frei, assoziativ – und manchmal taucht dabei ein wichtiger Gedanke, eine intime Mitteilung oder ein Traumfetzen vom Morgen wieder auf.

Zeit *miteinander* zu haben, kommt gerade bei Paaren im mittleren Lebensalter äußerst selten vor. Die Kinder haben so viele unterschiedliche Bedürfnisse an die Eltern, der Beruf beansprucht die volle Aufmerksamkeit, und die alternden Eltern suchen wieder vermehrt den Kontakt mit ihren erwachsenen Kindern. Da sind freie Abende zu zweit, die man sich fest einplant und mit Babysitter organisiert, richtige Highlights, selbst wenn man nur zur nächsten Pizzeria fährt und ein Gläschen Wein trinkt. Das sind die kleinen Lücken für die Intimität, die ein Liebespaar so dringend braucht.

Im Haushalt hat bei der traditionellen Rollenverteilung, wie sie noch in den meisten Familien vorherrscht, die Frau die dominierende Funktion. Wenn der Mann sich hier einklinken will, muss er sich seiner Frau anpassen. Sie spielt die erste, er die zweite Geige. In einem Streichquartett nimmt die zweite Geige durchaus eine wichtige Rolle ein, sofern sie ihre Funktion bejaht und ausfüllt. Es gibt genügend Aufgaben im Hause, bei denen die Frau dankbar um eine helfende Hand ist: Beim Kochen, Putzen, Abwaschen, Einkaufen, Waschen und bei den Hausaufgaben der Kinder kann sich der Mann nützlich machen. Diese für ihn vielleicht profan erscheinenden Dinge machen aber den Großteil der Arbeit einer Hausfrau aus.

Gerade weil ein Mann solche Aufgaben oft als profan und unbedeutend einstuft, passiert es leicht, dass die notwendige Achtung für die enorme Arbeitsleistung seiner Partnerin ausbleibt. Oder er übersieht sie einfach. Nicht dass er darüber ein schlechtes Gewissen bekommen soll, denn ihr nutzen seine Schuldgefühle wenig. Wichtig ist jedoch, dass er einen Blick für die Leistung seiner Frau entwickelt und sie anerkennt. Die meisten Frauen sind bereit, die Familienarbeit auf sich zu nehmen. Sie identifizieren sich mit der Zeit mit ihrer Arbeit und geben ihr Bestes. Aber sie möchten darin anerkannt und gewürdigt werden, vor allem von ihrem Partner.

Für Frauen, die vorwiegend mit Kindern und Hausarbeit beschäftigt sind, ist ein breit gefächertes soziales Netzwerk wichtig. Häufig klagen Hausfrauen darüber, dass sie den ganzen Tag lang nur mit Kindern zu tun haben und nur solche Kontakte haben, die mit Haushalt und Kindern zusammenhängen. Auf einen derart schmalen Horizont beschränkt, ist ihr Bedürfnis groß, nach Feierabend oder im Urlaub einmal etwas anderes zu sehen und zu unternehmen. Sie möchten mit Freundinnen ausgehen, Konzerte und Museen besuchen, sich weiterbilden, mit anderen musizieren, tanzen und singen, Sport treiben usw. – so weit ihre Energie ausreicht! Oft sind Frauen so eingespannt in ihrem Alltag, dass sie abends nur noch erschöpft vor dem Fernseher einschlafen oder ein Telefonschwätzchen mit der Freundin führen können.

Hier ist eine Entlastung durch den Partner wichtig, indem er immer wieder mal abends und am Wochenende Kinder und Haushalt übernimmt, damit die Frau Gelegenheit für eine Verschnaufpause erhält. Er kann auch im Urlaub mit den Kindern allein wegfahren oder zu Hause bleiben, damit die Partnerin zu einer Fortbildung wegfahren oder eine entfernt lebende Freundin besuchen kann. Eine erholte, gut gelaunt heimkehrende Frau wird ihn mehr als entschädigen für das kleine Opfer, das er erbringt, wenn er sich in der Zeit ihrer Abwesenheit um die Kinder kümmert.

Manche Männer erfahren erst, wie schön es ist, mit ihren Kindern mal allein etwas zu unternehmen, wenn sie der Familie schon den Rücken gekehrt haben. Wenn sie geschieden sind, treffen viele Väter eine Besuchsregelung mit ihrer ehemaligen Frau und übernehmen die Kinder zum Beispiel für ein ganzes Wochenende oder ganze Urlaubswochen. Vorher, als sie noch mit den Kindern in einem Haus gelebt haben, haben sie kaum je etwas ausschließlich mit den Kindern unternommen. Nun sind sie auf einmal eine ganze Zeit lang mit ihnen zusammen, bringen sie ins Bett, wachen mit ihnen auf, machen ihnen das Frühstück, sprechen mit ihnen über die Schule und ihre Freunde usw. Wieso haben sie nicht schon in der Ehe gemerkt, wie schön es sein kann, mit ihren Kindern zusammen zu sein?

Der Hauptgrund liegt darin, dass in einer traditionellen Familie sich alle Familienmitglieder sehr schnell daran gewöhnen, dass die Mutter die erste und hauptsächliche Ansprechpartnerin für die Kinder ist. Sie steht im Zentrum des familiären Kommunikationsnetzes. Dadurch wird der Vater viel seltener gefragt und beansprucht. Mit der Zeit hat er immer weniger und nebensächlichere Kontakte mit seinen Kindern, selbst wenn er anwesend ist. Wenn er aber allein mit den Kindern ist, haben beide zusammen die Gelegenheit, sich neu zu begegnen und sich richtig kennen zu lernen. Viele Männer merken erst dann, wie sie dadurch eine neue Lebensqualität gewinnen.

Diese Einsicht veranlasst manche Männer dazu, die Erziehungsarbeit mehr mit ihrer Frau zu teilen. Bei jüngeren Paaren sieht man heute hier und da ermutigende Beispiele. So teilen sich manche den Erziehungsurlaub auf: Die Frau bleibt, vor allem des Stillens wegen, die ersten eineinhalb Jahre beim Kind, dann übernimmt der Mann die zweite Hälfte des Erziehungsurlaubs. Eine andere Möglichkeit besteht darin, die Kinderbetreuung während der Woche unter sich aufzuteilen. Wenn beide Elternteile ihre Arbeitszeiten flexibel gestalten können, kann der Mann es sich zum Beispiel so einrichten, dass er zu Hause bei den Kindern ist, wenn seine freiberuflich tätige Frau arbeitet.

Solche Versuche stellen echte Alternativen zur traditionellen Rollenverteilung dar. Noch sind sie nur vereinzelt beobachtbar. Dafür müssen die beteiligten Partner auch willens sein, die Erziehungs- und Hausarbeit zu teilen. Außerdem erfordert es von ihnen viel Kreativität und Toleranz untereinander, beispielsweise im Erziehungsstil und in der Haushaltsführung. Interessanterweise finden wir solche emanzipatorischen Ansätze einerseits bei jüngeren Männern, die in ihrem Elternhaus bereits die erste Phase der Frauenbewegung erlebt und andere Väter- und Müttervorbilder als die traditionellen erfahren haben. Andererseits beobachten wir auch bei älteren Vätern zunehmend das Bedürfnis und die Bereitschaft, sich vermehrt der Familie zuzuwenden, wenn sie die berufliche Aufbauphase hinter sich haben. Eine späte Elternschaft bietet möglicherweise eine Chance sowohl für Frauen als auch für Männer, sich zuerst beruflich zu etablieren, um danach die Erziehungsarbeit zu teilen.

Dies sind zarte Hoffnungen für eine bessere Zukunft der Familie. Heute ist noch eine besondere Anstrengung seitens der Eltern notwendig. Wo eine solche Arbeitsteilung funktioniert, stehen die Partner beruflich oft in privilegierter Stellung mit familienfreundlichen Arbeitsbedingungen. Damit breitere Bevölkerungsschichten diese Möglichkeiten erhalten, müssen sich Arbeitgeber und gesellschaftliche Institutionen auf die Familie zubewegen. Flexible Arbeitszeiten, Teilzeitjobs auch für Männer, Toleranz und Akzeptanz von Erziehungsarbeit sind neben den erwähnten Kinderbetreuungsangeboten dringend nötig.

Sich Zeit nehmen für die alten Eltern

Im traditionellen Rollenverständnis liegt die Fürsorge für junge, kranke und alte Menschen in den Händen von Frauen. Dies ist bei der Betreuung alter Eltern nicht anders. Diese Aufgabe überlassen Männer gerne ihren Schwestern, ihren Töchtern und ihren Ehefrauen, die damit neben den eigenen Eltern auch noch die Schwiegereltern zu versorgen haben.

Auch hier liegt es im eigenen Interesse von Männern, sich anders als in den gewohnten Mustern zu verhalten. Denn die begrenzte Zeit, die Männer mit ihren Eltern verbringen können, ist kostbar. Männer können ihre Eltern zum Beispiel öfter anrufen und sie regelmäßig besuchen. Sie können sie fragen, was sie für sie tun können. Bei Besuchen freuen sich die Großeltern besonders auf die Enkelkinder. Es ist zwar verführerisch, sich ausschließlich auf die Kinder zu konzentrieren. Aber da geht leicht die Gelegenheit verloren, einige persönliche Worte mit den Eltern zu wechseln. Daher sollten wir darauf achten, dass wir neben dem gemütlichen Beisammensein auch Zeit fürs Alleinsein mit jedem der beiden Eltern finden. Manche Dinge kommen erst zur Sprache, wenn wir mit einem Elternteil unter vier Augen sprechen.

Wenn Männer sich um eine intensivere Beziehung zu ihrer Partnerin, ihren Kindern und Eltern bemühen, werden sie auf unspektakuläre Weise Freude und Erfüllung finden. Sie bekommen das Gefühl, am richtigen Platz im Leben zu stehen. Dabei ist es völlig in Ordnung, wenn sie nur langsam Fortschritte machen. Vieles, was sie im Laufe ihrer Männersozialisation nicht gelernt haben, müssen sie sich langsam aneignen. Es ist in Ordnung, scheu oder ungeschickt zu sein, wenn sie Zuneigung zeigen wollen. Es ist in Ordnung, Angst zu haben, wenn sie Fehler zugeben und um Verzeihung bitten.

Ein chinesisches Sprichwort besagt: Auch eine Reise von tausend Meilen beginnt mit dem ersten Schritt.

Singles in einer verheirateten Welt

Wo ist nun der Platz für Menschen, die nicht verheiratet sind, keinen festen Partner und keine Kinder haben? Bei all den in diesem Buch bisher behandelten Fragen scheinen Singles keinen Platz zu haben. Dabei gibt es immer mehr Alleinstehende. Sie scheinen sich abgelöst zu haben von der Generationsfolge und sich losgesagt vom Generationsauftrag. Stimmt das aber?

Gesellschaftliche Vorurteile

Single zu sein scheint – immer noch – ein Makel zu sein, nicht nur, aber vor allem in ländlichen Regionen. Die Familie schämt sich oder schleppt haufenweise Heiratskandidaten heran, die Mutter möchte vor ihrem Tod noch Enkelkinder im Arm halten, der Vater einen Stammhalter. Verheiratete Freundinnen wittern ständig eine heimliche Rivalin (manchmal leider zu Recht) und sind zugleich neidisch auf die Freiheit der allein stehenden Freundin. Von Männern werden weibliche Singles häufig wie Freiwild betrachtet, gleichzeitig ärgern sich männliche Kollegen über deren beruflichen Erfolg. Der allein lebende Mann wird von vielen als aussichtsreicher Heiratskandidat hofiert, solange er noch jung ist. Wenn er erst einmal die 40 überschritten hat und immer noch nicht in festen Händen ist, wird er aber langsam verdächtig – hegt er eine heimliche, sexuell abwegige Neigung? Trinkt er? Ist er psychisch instabil, ein Muttersöhnchen? Bestimmt ist er familiär belastet!

Derlei Vorurteilen ausgesetzt, haben allein stehende Frauen

und Männer einen schweren Stand. Sie müssen sich ständig ver- teidigen, weil sie anders leben, als die gesellschaftliche Norm es vorschreibt. Sie fühlen sich halb ausgeschlossen aus ihrem fami- liären Kreis, weil sich fast alle Familienfeste um die Familie dre- hen – Hochzeiten, Taufen, Konfirmation, Erstkommunion ... Viele ihrer Freundinnen und Freunde heiraten und bekommen Kinder, man hat immer weniger Gesprächsstoff – man will ja auch einmal über etwas anderes sprechen als nur über Windeln und Babynahrung. Zwar hat man mehr Geld für sich selbst zur Verfügung, kann in Urlaub fahren, wann man will. Aber an Weihnachten und Silvester sitzt man allein zu Hause, während alle anderen »das Fest der Liebe« feiern. Nach Hause zu den El- tern will man auch nicht mehr fahren, man ist schließlich kein Kind mehr.

Der gesellschaftliche Druck ist stark und zählebig. Danach erlangt man erst eine anerkannte Position im Leben, wenn man verheiratet ist. Männer bekommen mit »der Frau an ihrer Seite« endlich ein gemütliches Heim und die notwendige Rückende- ckung für ihre Karriere, Frauen erhalten ihre »angemessene« ma- terielle Versorgung und den vom Ehemann angeheirateten Status (»Frau Doktor«). Dies sind, wie wir wissen, Normen von vorges- tern. Aber sie spuken immer noch in unseren Köpfen herum.

Selbstzweifel, Scham- und Schuldgefühle

»Wer bin ich, was bin ich?«, fragen sich Alleinstehende oft. Ihre Selbständigkeit und Selbstbestimmung erkaufen sie mit dem Ge- fühl, irgendwie nicht in Ordnung zu sein. Sie müssen sich wehren gegen Gefühle von Scham und Schuld, die sich gegen ihren Wil- len einstellen. Irgendetwas scheint mit ihnen nicht zu stimmen, sonst würden sie längst einen Partner gefunden haben oder sie würden als Frauen endlich Sehnsucht nach einem Kind verspüren. Bei Anfechtungen gerät ihr Selbstbewusstsein leicht ins Wanken, denn sie besitzen nicht die soziale Verankerung, die ihre verheirateten Freundinnen und Freunde per Status erlangt haben. Ihr »Familienstand« bleibt zwielichtig-unscharf.

Singles sind keine exotischen Wesen mehr

Dabei sind Singles überall auf dem Vormarsch. In allen westlichen Ländern steigt ihr Anteil in der Bevölkerung. Die Gründe hierfür sind mannigfaltig.

Die Frauenemanzipation ist wohl der wichtigste. Frauen wollen sich nicht mehr den Zwängen der traditionellen Rolle als Heimchen am Herd unterwerfen. Durch eine bessere schulische und berufliche Bildung sind sie materiell nicht mehr auf die Ehe angewiesen, und durch moderne Verhütungsmittel sowie die Liberalisierung des Schwangerschaftsabbruchs müssen sie nicht den Erstbesten heiraten, von dem sie ein Kind erwarten. Da sie um die enorme Belastung berufstätiger Mütter wissen, verzichten sie entweder ganz auf Kinder oder sie schieben zumindest die Kinderphase nach hinten, bis sie beruflich gefestigt sind.

Im gleichen Zug hat die Bindungskraft der Ehe nachgelassen. Da die traditionelle Rollenaufteilung in der Familie sich durch den sozioökonomischen Wandel immer mehr auflöst, sind oft beide Ehepartner verunsichert. Mit dem Verschwinden der Großfamilie wächst die Arbeitsbelastung in der Kleinfamilie, so dass die überlasteten Partner leicht aneinander geraten und sich gegenseitig die Schuld an der Misere zuschieben. Die sexuelle Liberalisierung erleichtert es zerstrittenen Paaren, auf andere Beziehungen auszuweichen. Daher fallen zunehmend mehr Ehen auseinander. Es entstehen Ein-Eltern-Familien, meist allein erziehende Frauen mit ihren Kindern. Auch sie führen eine Art Single-Dasein, vor allem, nachdem die Kinder flügge geworden sind.

Hier zeigt sich wieder der Unterschied zwischen Mann und Frau. Während geschiedene Männer meistens eine neue Partnerin finden, bleiben viele geschiedenen Frauen auf einem Heiratsmarkt, auf dem jüngere Frauen bevorzugt werden, allein. Das gleiche Schicksal erleiden ihre Geschlechtsgenossinnen, die in jüngeren Jahren dem Beruf höhere Priorität eingeräumt haben als Ehe und Familie und Mitte 30 merken, wie ihre biologische Uhr nun immer lauter zu ticken beginnt. Torschlusspanik ist oft die Folge.

Ein anderes Phänomen, das leider bisher noch wenig öffentliche Beachtung gefunden hat, ist die Tatsache, dass in den letzten Jahrzehnten immer mehr Männer und Frauen ungewollt unfruchtbar werden. Dies hat häufig psychosoziale Gründe, aber Fachkreise vermuten außerdem einen direkten Zusammenhang mit der Umweltverschmutzung durch chemische, radioaktive und genmanipulierte Stoffe. Dadurch ist nicht nur die Fortpflanzungsfähigkeit von Pflanzen und Tieren, sondern auch die von Menschen beeinträchtigt. Wir Menschen befinden uns am Ende der Nahrungskette, so dass sich Schadstoffe in uns kumulieren.

Mit der sexuellen Befreiung bekennen sich zudem mehr Menschen zur gleichgeschlechtlichen Liebe. Aber auch unter Schwulen und Lesben gibt es viele Alleinlebende, einerseits weil die Gesellschaft diese Gruppen immer noch benachteiligt, indem sie ihnen zum Beispiel die Ehe verweigert (durch eine Ehe wären die Beziehungen stabilisiert und würden einen legitimen Status erlangen). Andererseits fehlen eigene Kinder als bindende Kraft. Auch die in bestimmten Kreisen zu beobachtende Promiskuität macht eine dauerhafte Partnerschaft schwierig. Selbst wenn Homosexuelle Subkulturen finden, die ihnen Schutz und Unterstützung bieten, haben sie wie ihre ganze Familie immer noch unter dieser »Schande« zu leiden.

Viele derart verunsicherte Menschen suchen nach therapeutischer Hilfe. Männer vor allem nach Scheidungen oder beruflichem Scheitern, Frauen nach Scheidungen oder mit der Frage, was mit ihnen nicht in Ordnung sei, dass sie immer noch nicht den Partner fürs Leben gefunden haben.

Was Singles für sich tun können

- Sich vom Druck aus der Herkunftsfamilie befreien, indem man sich mit den eigenen Eltern über das Alleinleben ausspricht.
- Unbewusste familiäre Aufträge in Bezug aufs Alleinleben erkennen und sich mit ihnen auseinander setzen.
- Sich einen würdigen Platz in der Herkunftsfamilie aufbauen.
- Trauerarbeit leisten, wenn einem eine Partnerbeziehung oder Kinder fehlen.
- Den Status als Single annehmen. Sich vom Wartestand lösen und sich den konkreten Problemen des Alleinlebens stellen.
- Beruf und Altersversorgung ernst nehmen.
- Das eigene Zuhause schön einrichten.
- Kontakte, Begegnungen und Beziehungen ernst nehmen und pflegen.
- Ein soziales Netzwerk aufbauen.
- Sich sozial engagieren.

Der Druck von der Herkunftsfamilie

Als besonders belastend empfinden viele Singles den psychischen Druck von Seiten der Herkunftsfamilie. Die Eltern sehen jeden Bekannten oder Kollegen, den die Tochter mit nach Hause bringt, gleich als potenziellen Schwiegersohn an. Auf Familienfesten werden ihnen ungebeten Heiratskandidaten vorgestellt. Der unverheiratete Sohn wird von der Mutter immer noch wie ein Kind behandelt, und der besorgte Vater fragt die unverheiratete Tochter, ob sie mit ihrem Geld zurechtkomme.

Diese Sorge der Eltern ist meist nicht böse gemeint. Sie stellt tatsächlich eine Art Elternsorge dar. Denn alle Eltern fühlen sich so lange für ihre Kinder verantwortlich, bis diese am jenseitigen Ufer sicher angelangt sind – ähnlich, wie Eltern zum ersten Mal einen Schulanfänger allein die Straße überqueren lassen und erst dann aufatmen, wenn dieser drüben gut angekommen ist. Dieses sichere »Ankunftsziel« besteht in den Augen der meisten Eltern immer noch aus »dem Hafen der Ehe«. Mit zunehmender Emanzipation kann es durchaus sein, dass in 10, 20 Jahren Mütter das sichere Ziel ihrer Töchter in einem erfolgreichen und erfüllten Berufsleben sehen. Dann würde ihre Elternsorge mit dem Erreichen *dieses* Zieles beendet sein.

Da das Unverheiratetsein von Teilen der sozialen Umwelt immer noch als Makel angesehen wird, geraten auch die Eltern unverheirateter Kinder unter erheblichen sozialen Druck. Weil das Thema aber schambesetzt ist, scheuen sich sowohl die Eltern als auch das betreffende Kind davor, es miteinander offen anzusprechen. Mit der Zeit entwickelt sich entweder eine Art Pseudokontakt, wo jeder um den heißen Brei herumredet, oder das Kind meidet das Elternhaus ganz und distanziert sich immer mehr von den Eltern und den (verheirateten) Geschwistern.

Sich mit den Eltern übers Alleinleben aussprechen

Es ist wichtig, diesen Schamkreislauf zu durchbrechen. Wenn die Kinder sich vergegenwärtigen, dass die Eltern nicht aus böser Absicht, sondern aus einer falsch verstandenen Sorge heraus ihr Alleinsein in Frage stellen, können sie offensiv auf sie zugehen, statt defensiv auf die nächste peinliche Bemerkung zu warten. Sie können die Eltern in einem persönlichen Gespräch fragen, was diese über ihr Single-Dasein denken und ob sie sich darüber Sorgen machen.

Wenn die Eltern merken, dass das Kind wirklich an ihren persönlichen Gedanken und Gefühlen interessiert ist, werden sie leichter über ihre Sorgen sprechen können. Eine Mutter mag von ihrer Befürchtung erzählen, dass sie früher in der Erziehung versagt habe, so dass ihr Kind heute vielleicht keinen Partner finde. Ein Vater könnte seine Sorge äußern, die Tochter habe sich zu stark an ihn gebunden. Solche Bekenntnisse seitens der Eltern wirken meist erleichternd fürs Kind, weil es sich wahrscheinlich schon alle möglichen Vorstellungen darüber gemacht hat, was die Eltern über sein Single-Dasein wohl denken mögen. Die Realität ist meist einfacher als unsere Phantasien.

Als Nächstes könnte das Kind den Eltern erzählen, warum es allein lebt. Es könnte ihnen beschreiben, wie es lebt und wie es ihm dabei geht. Solche Gespräche machen reinen Tisch zwischen Eltern und Kind. Beide Seiten hören auf, sich gegenseitig zu verdächtigen oder zu beschuldigen. Sie fangen an, einander zuzuhören. Die Eltern bekommen die Gelegenheit, darum zu trauern, keine Schwiegerkinder und keine Enkelkinder zu bekommen. Danach werden sie den realen Zustand leichter akzeptieren können. Das neu gewonnene gegenseitige Verständnis schafft eine gute Basis, von der aus sowohl das Kind als auch die Eltern gestärkt den Anfechtungen und Anzweiflungen der Umwelt begegnen können.

Familienaufträge

Es gibt viele Gründe für ein Leben als Single. Darunter gibt es welche, die mit der Herkunftsfamilie zusammenhängen. Manche Kinder erfüllen einen besonderen Generationsauftrag, allerdings einen anderen als die Gründung einer Familie. Diese Kinder sind sich ihrer Aufträge oft nicht bewusst. Sie merken nur, dass sie allein leben, obwohl sie es sich anders wünschen, aber sie wissen nicht, warum das so ist. Durch eine Psychotherapie können solche Aufträge herausgearbeitet werden, so dass sich die Betreffenden dann bewusst entscheiden können, ob sie die Aufträge ausführen wollen oder ob sie sie an die Familie zurückgeben möchten.

Ein recht häufiger Auftrag besteht darin, für einen hilfsbedürftigen Angehörigen zur Verfügung zu stehen. Dies kann ein allein stehender oder kranker Elternteil sein oder ein behindertes Geschwister. Von den Kindern wird dann eines »ausgewählt«, diese besondere Aufgabe zu übernehmen. Die »Auswahl« geschieht meist unbewusst und früh. Dem betreffenden Kind sind oft soziale Werte sehr wichtig, es kann gut auf andere eingehen und ergreift später vielleicht einen medizinischen oder sozialen Beruf. Es gründet keine eigene Familie, vor allem bekommt es keine eigenen Kinder, damit es sich freihalten kann für die familiäre Aufgabe. Manchmal hat es einen Liebespartner, aber dieser lebt oft weit weg und fordert nicht viel Aufmerksamkeit für sich.

Oft besteht der Familienauftrag darin, die alternden Eltern zu pflegen. Wenn diese pflegebedürftig werden, zieht das erwachsene Kind zurück in ihre Nähe oder ganz ins Elternhaus. Oder es nimmt die Eltern im eigenen Haus auf. Bis der »Ruf« kommt, kann es eine Zeit lang scheinbar ganz frei und unabhängig für sich leben.

Dieser Auftrag entspricht der traditionellen Rolle der »alten Jungfer«. Das waren kinderlose und unverheiratete Töchter, die nirgendwo hingehörten und als Almosenempfänger und billige Arbeitskräfte im Haushalt der Eltern oder eines verheirateten Geschwister aufgenommen wurden.

Solche Schicksale gibt es heute zum Glück kaum mehr. Neu hinzugekommen ist jedoch die Gruppe der selbständigen, unverheirateten und allein lebenden Frauen. Viele haben sich bewusst für diesen Status entschieden und sich ihn gegen allen familiären und gesellschaftlichen Widerstand erkämpft. Wenn nun plötzlich ein oder beide Elternteile krank und pflegebedürftig werden, wird in der Familie nach einem Betreuer gesucht, und der Blick fällt nicht selten auf die allein stehende Tochter.

Sie hat sich schon einmal bewusst gegen die traditionelle Frauenrolle entschieden, als sie keine eigene Familie gründete. Nun wird ihr genau dieser Umstand zum Verhängnis: Da sie keine Familie zu versorgen habe, könne sie doch die Pflege der Eltern übernehmen – ein Argument, dem sie sich kaum entziehen kann. Sie hat die erste Falle der traditionellen Frauenrolle erfolgreich gemieden, nun schnappt die zweite zu. Wird sie nun ihren Beruf an den Nagel hängen und sich um die Eltern kümmern, fragen sich alle. Tut sie es nicht, wird sie den Vorwurf, undankbar und egoistisch zu sein, auszuhalten haben. Eine äußerst schwierige Position!

Es gibt noch andere Familienaufträge: Manche Kinder sind auserkoren, den Lebenstraum eines Elternteils zu verwirklichen. Weil der Vater einst Pfarrer werden wollte, wird der Sohn Theologe und lebt zölibatär. Oder: Der Vater hat früher eine Opernsängerin verehrt, an die er nie herangekommen ist. Später wird die

Tochter, die mit dieser Frau identifiziert wird, Schauspielerin. Oder: Die Mutter hat die Ehe gehasst und wollte lieber studieren. Nun macht die Tochter eine akademische Karriere und denkt überhaupt nicht ans Heiraten.

In all diesen Fällen führt das erwachsene Kind ein stellvertretendes Leben. Es steht für jemanden anders und lebt eigentlich nicht sein eigenes Leben.

In anderen Familien wurden die Kinder sexuell missbraucht oder emotional ausgebeutet. Sie mussten für die intimen Bedürfnisse ihrer Eltern oder anderer Angehörigen herhalten. Als Kind hat man keine Wahl und kann sich nicht wehren, aber meist ziehen sich die missbrauchten Kinder innerlich tief in ihre Seele zurück, um ein Stück ihrer selbst zu bewahren. Später bekommen sie Panik, wenn sie mit einem Liebespartner intim werden. Obwohl sie sich Nähe wünschen, wehrt sich etwas in ihnen heftigst dagegen. So bleiben sie allein, trotz ihres Wunsches nach Partnerschaft und Familie.

Dieses Schicksal erleiden auch Menschen, die ein schweres Trauma wie Vergewaltigung, Folter, Vertreibung oder Diskriminierung erlitten haben. Ihr Vertrauen in sich und in andere Menschen ist tief gestört. Psychotherapeutische Hilfe ist hier dringend erforderlich.

An diesen Beispielen wird klar, dass der mögliche Vorwurf an Singles, den Generationsauftrag (zu heiraten und Kinder zu bekommen) nicht zu erfüllen, in der Regel unberechtigt ist. Manch ein Alleinstehender erfüllt gerade dadurch, dass er alleine lebt, einen unbewussten Familienauftrag! Daher kann es für Singles wichtig sein nachzuschauen, welchen Auftrag sie für ihre Familie möglicherweise ausführen. Sie könnten sich fragen, ob sie sich aufopfern für die Familie, ob sie nicht stellvertretend die heimliche Sehnsucht eines Elternteils erfüllen usw.

Es ist oft gar nicht leicht, einen Familienauftrag wieder zurückzugeben. Denn die betreffende Person hat dadurch auch eine besondere Bedeutung gewonnen. Sie fühlt sich aufgewertet. Sie wird unter Umständen viel von ihrer bisherigen Identität und Bedeutung aufgeben müssen, wenn sie den Auftrag zurückgibt.

Wie wir bereits an diesen wenigen Beispielen sehen können, sind die Ursachen für ein Leben als Single vielfältig. Es ist wichtig, sich solche Zusammenhänge klarzumachen, aber es ist ebenso wichtig, das Alleinleben nicht zu pathologisieren, das heißt als krankhaft anzusehen. Genauso wie es Tausende von Gründen gibt zu heiraten und Kinder zu bekommen, liegt es in der Verantwortung jedes Einzelnen, sich für diejenige Lebensform zu entscheiden, die für ihn am besten passt. Genauso wie es Menschen gibt, die ungewollt Kinder bekommen, gibt es Menschen, die gezwungenermaßen allein leben, weil sie keinen passenden Partner finden, vom Partner verlassen worden oder kinderlos geblieben sind.

Sich den konkreten Problemen des Alleinlebens stellen

Für Singles ist es wichtig, sich den konkreten Problemen in ihrem Leben zu stellen. Dies umso mehr, als sie keinen klar vorgezeichneten Lebensweg haben. Dies ist eine große Chance, das Leben in die eigene Hand zu nehmen. Es besteht aber auch das Risiko, sich zu verirren oder in einer Sackgasse zu landen.

Sich aus dem Wartestand lösen

Singles fühlen sich oft wie in einem Wartesaal, besonders wenn sie noch im »heiratsfähigen« Alter sind. Dadurch bekommt vieles, was sie tun, einen Vorläufigkeitscharakter. Dies kann ihren Beruf betreffen (»Ich mache den Job so lange, bis der richtige Mann vorbeikommt!«), ihre Wohnung (»Ich wohne erst einmal provisorisch, bis ich die richtige Frau finde!«), ihre Alterssicherung (»Wenn ich verheiratet bin, bin ich versorgt!«) oder ihre jetzige Liebesbeziehung (»Der ist ganz nett zum Ausgehen, den halte ich mir warm, bis der Richtige auftaucht!«). So richten sie sich nicht voll und ganz auf das Leben ein, das sie jetzt führen. Sie leben wie in einem Campingzelt, ihr Leben hat etwas Provisorisches. Dadurch behalten sie in ihrem Verhalten und in ihrer Erscheinung tatsächlich etwas Kindlich-Jugendliches.

Beruf und Altersvorsorge ernst nehmen

Frauen, die sich in einem solchen Wartestand fühlen, neigen dazu, leichte, anspruchslose Jobs anzunehmen. Dadurch verpassen sie den gezielten Aufbau einer eigenen Karriere. Dabei kann sich der Beruf gerade für Alleinstehende zu dem Lebensbereich entwickeln, der ihnen die größte Abwechslung, die größte Befriedigung und die meisten sozialen Kontakte bietet. Sich voll und ganz beruflich engagieren zu können, ist ein Privileg Alleinstehender. Gerade Frauen, die ihre Freiheit voll nutzen und sich engagieren, leisten einen wertvollen Beitrag in vielen politischen, sozialen und wissenschaftlichen Bereichen.

Andererseits werden Frauen nach wie vor schlechter bezahlt, und sie achten selbst oft weniger auf einen angemessenen Verdienst, weil Geld traditionellerweise »Männersache« ist. Sie müssen sich allerdings dessen bewusst sein, dass sie als Alleinstehende auch für ihre Altersvorsorge voll verantwortlich sind. Sie sollten deshalb früh genug Geld auf die hohe Kante legen. Sie sollten sich vor Augen halten, dass die Ärmsten in der Gesellschaft mehrheitlich alte, allein stehende Frauen sind.

Kontakte, Begegnungen und Beziehungen ernst nehmen und pflegen; ein soziales Netzwerk aufbauen

Viele Singles sind latent auf der Suche nach einem Partner. Wenn man gewohnt ist, Menschen durch die Brille zu betrachten, ob sie als geeignete Heiratskandidaten in Frage kämen, fallen viele potenziell interessante Kontakte von vornherein unter den Tisch. Man lässt sich nicht ein, zum Beispiel auf einen anregenden Gesprächspartner oder einen Menschen, mit dem man ein gemeinsames Hobby teilen oder gemeinsam verreisen könnte. Wenn man allein lebt, können alle sozialen Kontakte von Bedeutung sein, sofern man sie ernst nimmt. Wertvolle Freundschaften können daraus entstehen. Intimität gibt es nicht nur im Bett.

Besonders allein stehenden Männern mangelt es oft an emotionalem Austausch. Manchmal wissen sie nicht einmal selbst, dass sie darunter leiden, weil sie nie gelernt haben, über sich zu sprechen. Viele Männer sagen zwar, sie hätten gute Freunde. Mit diesen gehen sie in die Kneipe oder zum Fußballspiel, sie sprechen aber kaum etwas Persönliches miteinander. Davor haben sie eine männerspezifische Scheu.

Verheiratete und Eltern sind allein durch ihren Status in viele soziale, kirchliche und familiäre Kreisen eingebunden. Singles müssen sich selbst ein soziales Netzwerk aufbauen. Dies erfordert Einsatz und Initiative. Umgekehrt können sich Singles ihre Bezugspersonen und Bezugsgruppen nach eigenem Bedürfnis und Geschmack aussuchen. Sie sind nicht automatisch Zwangsmitglieder einer erweiterten Familie. In einem sozialen Netzwerk können sich durchaus familienähnliche Verbindungen aufbauen, die die Einzelnen stützen und ihnen Sinn und Heimat geben.

Sich sozial engagieren

Sich um soziale Missstände zu kümmern und sich gegen die Umweltzerstörung zu wehren gehört zu den wichtigsten Aufgaben unserer Generation. Alleinlebende haben mehr Zeit und Energie als Eltern, sich in diesen existenziell wichtigen Bereichen zu engagieren. Wenn sie es tun im Bewusstsein, einen Dienst auch für die zukünftigen Generationen zu leisten, nehmen sie eine wichtige generative Aufgabe wahr.

Sich einen würdigen Platz in der Herkunftsfamilie aufbauen

Singles haben, anders als Verheiratete, kaum familiäre Riten zur Verfügung, um den Übergang ins endgültige Erwachsenendasein zu markieren (wie etwa eine Hochzeit). Hier muss man andere Wege finden, um der eigenen Familie den erfolgreichen Übertritt vom Kinder- in den Erwachsenenstatus zu signalisieren. Man könnte Familienangehörige zum Beispiel zu einer beruflichen Feier oder einem Vortrag, den man hält, einladen, oder zur Einweihung der neuen Wohnung oder zu einem Geburtstagsfest. Die eigenen Eltern und Geschwister erleben bei diesen Gelegenheiten, dass man ein anerkanntes Mitglied seines Berufsstandes und seines Freundeskreises ist.

Man kann sich auch als Babysitter von Nichten und Neffen anbieten. Diese kann man später zu Wochenenden und gemeinsamen Urlauben einladen. Gerade der Kontakt zu Kindern und Jugendlichen aus dem Verwandten- und Freundeskreis kann für Singles anregend und belebend sein. Man hat die Möglichkeit, sein Wissen und seine Lebenserfahrung an Jüngere weiterzugeben. Solche Beziehungen halten jung und sind für beide Seiten eine große Bereicherung.

Trauern und Weitergehen

Als Single zu leben erfordert viel Verzicht, gleichgültig, ob man freiwillig oder unfreiwillig allein lebt. Der Verzicht auf einen Partner, mit dem man sein Leben teilt, der Verzicht auf Kinder, auf Enkel und andere familiäre Bindungen, der Verzicht auf die vielen Annehmlichkeiten und Privilegien, die unsere Gesellschaft Verheirateten einräumt – all dies wird einem hin und wieder bewusst. Man kann traurig darüber sein, man braucht den Schmerz und die unerfüllte Sehnsucht nicht wegzureden. Wenn man diese Gefühle in sich zulässt, werden sie kommen und gehen. Irgendwann sind sie vorbei, und man kann weitergehen auf seinem Lebensweg.

Um auf die Frage am Beginn dieses Kapitels zurückzukommen: Singles haben ihren Platz in der Generationsfolge. Sie sind ein wichtiger und bereichernder Bestandteil unseres familiären und sozialen Systems.

Soziale Netzwerke

Freundinnen und Freunde

Freundinnen und Freunde gehören neben unseren Familien zu den wichtigsten Dingen der Welt. Die beste Freundin, der beste Freund sind richtige Stützen im Leben, besonders wenn es in Partnerschaft und Familie schwierig wird. Dann ist jemand da, bei dem man und frau sich das Herz ausschütten, sich ausweinen und aussprechen kann. Schon das Wissen, dass es jemand gibt, der bedingungslos zu einem steht, wenn es einem schlecht geht, gibt uns Kraft und Sicherheit.

Freundschaften sind Wahlverwandtschaften. Gerade die Tatsache, dass man nicht miteinander verwandt ist und auch sonst einander nicht formal verpflichtet ist, bringt die Freiheit, die eine Freundschaft erst zur Freundschaft macht. Sie ist eine völlig freiwillige Beziehung von Gleich zu Gleich, die auf Gegenseitigkeit angelegt ist. Dies macht sie offen für alles, was kommen mag. Freud und Leid können geteilt werden. Da ist genauso Platz für Alltagsbanalitäten wie für existenzielle Lebensfragen.

Das typische Medium für Freundinnen scheint das Telefon zu sein. Durchs Telefon können sie einander mühelos erreichen, ohne sich aus ihrem jeweiligen Alltag, wo sie gebraucht werden, entfernen zu müssen. Die Strippe verbindet sie, selbst wenn sie in verschiedenen Welten leben, selbst wenn die Freundin auf der anderen Seite der Erdkugel wohnt. Sie gibt moralische Unterstützung bei Streitigkeiten mit Mann und Kindern, sie liefert das Kuchenrezept frei Haus. Ein Mann hat einmal seiner Frau scherzhaft vorgehalten, sie könne einen ganzen Abend mit ihrer Freundin ausgegangen sein und stundenlang mit ihr geredet haben. Zu Hause angekommen, müsse sie die Freundin unbedingt sofort wieder anrufen, um dieser zu erzählen, was ihr auf dem Heimweg eingefallen sei.

Solche Bemerkungen von Männern kommen nicht von ungefähr. Es geht ihnen gar nicht einmal so sehr um die Telefonrechnung, vielmehr handelt es sich hier um eine milde Form von Eifersucht. Es kränkt einen Mann in seiner Eitelkeit, wenn er merkt, er ist nicht der einzige Vertraute seiner Frau. An ihre Freundin kommt er nicht heran. Mit dieser teilt sie ihre intimsten Geheimnisse, während sie doch ab und zu zensiert, was sie ihm erzählt. Wenn er sie miteinander kichern hört, weiß er nicht, ob sie sich nicht gerade über ihn (oder den Partner der Freundin) lustig machen.

Tatsächlich verhält sich die beste Freundin oder der beste Freund wie eine intime Nebenbeziehung. Sie bedroht zwar nicht die Beziehung zwischen den Lebenspartnern, sie ist keine Alternative, eher eine wertvolle Ergänzung, aber sie hat oft die gleiche Intensität, die gleiche Langlebigkeit, die gleiche Intimität und Zärtlichkeit wie eine Liebesbeziehung. Treue Freunde und Freundinnen hat man und frau sein Leben lang. Sie sind ähnlich unersetzlich wie Liebespartner. Insofern besteht eine natürliche Rivalität zwischen dem Lebenspartner und der Freundin beziehungsweise dem Freund.

Zum Glück haben viele Männer auch einen besten Freund. Sie wissen, der beste Freund besetzt eine ganze andere Ecke in ihrem Herzen als die Partnerin. Ein Mann erzählte zum Beispiel, dass er seinen Freund bereits seit der Studienzeit kenne, als sie noch ganz jung und unerfahren in Liebes- und Lebensdingen waren. Sie hätten sich nicht lange gekannt, da sei schon beiden klar gewesen: Dies ist eine ganz besondere Beziehung, die wird lange dauern. Beide waren damals in verschiedene Liebesabenteuer verstrickt und hatten sich darauf geeinigt, sich nie an der aktuellen Freundin des Freundes zu »vergreifen«. Nach dieser Grenzziehung sei es möglich gewesen, die Freundin dem Freund vorzustellen und zu dritt etwas zu unternehmen und, wenn es sich ergab, auch die Freundin und den Freund allein zu lassen.

Mit seinem Freund telefoniere er nie lange. Sie gehen lieber spazieren und tauschen die samstäglichen Fußballergebnisse aus. Auf ihren Spaziergängen sprechen sie weniger über Alltäglichkeiten, sie philosophieren lieber miteinander. Aber wenn einem von beiden wirklich etwas unter den Nägeln brennt, dann werde nach einer kurzen Verständigung ohne viel Zögern schnell nach einer Lösung gesucht.

Noch einmal zur Eifersucht: Manchmal hat die Ehefrau nicht nur eine beste Freundin, sondern auch einen guten Freund. (Oder umgekehrt: Der Ehemann hat eine gute Freundin.) Selbst wenn da keine sexuelle Beziehung besteht, ist doch eine erotische Komponente oft nicht zu verleugnen, so dass der Partner einen leichten Stich bekommen kann, wenn die Ehefrau stundenlang mit ihrem Freund telefoniert oder sich mit ihm trifft. Verstärkt kann die Rivalität werden, wenn der andere Mann früher einmal eine sexuelle Beziehung mit der Ehefrau gehabt hat. Nach der Trennung sind sie »gute Freunde« geblieben. Da ist wichtig, dass beiden Partnern klar ist, was der Freund für einen Stellenwert im Herzen der Ehefrau hat. Die Grenzen müssen deutlich gezogen werden, damit ein unbeschwerter Umgang zwischen allen drei Beteiligten möglich ist. Das Gleiche gilt natürlich auch umgekehrt für die guten Freundinnen des Ehemannes.

Warum sind Freundinnen und Freunde so wichtig?

Warum sind Freundinnen und Freunde so wichtig, und warum werden sie gerade im fortgeschrittenen Lebensalter immer wichtiger?

Freundinnen und Freunde sind Lebensbegleiter. Sie gehen neben uns her, entlang unserem Lebensweg. Sie sind Zeugen unserer Lebensgeschichte. Sie saßen vor langer Zeit neben uns auf der Schulbank, stöhnten unter den gleichen Rechenaufgaben, schimpften über denselben Lehrer. Sie kannten unsere Eltern und bekamen mit, wenn wir Ärger zu Hause hatten. Sie haben unseren ersten Liebeskummer mitgetragen, fuhren todesmutig in unserem ersten Auto auf dem Beifahrersitz mit, lebten mit uns in den ersten WGs, marschierten neben uns auf Demonstrationen. Sie waren Trauzeugen auf unserer Hochzeit, tauschten mit uns die ersten Schwangerschaftserfahrungen aus, überlegten mit uns, welche weiblichen und männlichen Vornamen schön klängen. Sie begrüßten als Erste unsere Neugeborenen, fuhren mit Kind und Kegel mit in den Urlaub, standen uns zur Seite bei den ersten Ehekrisen, bangten mit bei ernsten Krankheiten unserer Kinder.

Durch diese Begleiter und Zeugen wird unser Leben nicht nur bereichert, es bekommt überhaupt ein Gesicht. Die Funktion eines Zeugen ist es, zu bescheinigen: So war es! Indem wir über gemeinsame vergangene Erlebnisse sprechen, verdichten sich diese zu einem Stück von uns selbst, werden erst dadurch zur Lebensgeschichte. Wenn wir zu alten Klassentreffen fahren und alte Schulfreundinnen und -freunde treffen, ist die alte Vertrautheit meist sofort wieder da, obwohl wir uns Jahrzehnte nicht mehr gesehen haben. Man erzählt wieder die gleichen Geschichten von früher: »Weißt du noch ...?«, aber jedes Mal verändern sich die Geschichten etwas, einige Farben verblassen, neue Nuancen kommen hinzu.

Wir merken, dass Lebensgeschichte nichts Abgeschlossenes ist. Sie ist eher wie ein Teppich, in den immer neue Motive und Fäden hineingeknüpft werden. An diesen Teppich setzen wir uns hin und wieder gerne hin, zusammen mit unseren Freundinnen und Freunden, die gleichzeitig unsere Zeitgenossen sind. Wir weben weiter, bessern schadhafte Stellen aus, probieren neue Farben und Muster aus ...

Aber Freundinnen und Freunde weben mit uns nicht nur an unserer Vergangenheit, sondern auch an unserer Zukunft. Man plant gegenseitige Besuche und gemeinsame Urlaube, auch Urlaube von der Familie. Man schmiedet aber auch an weiter gehenden Zukunftsplänen, etwa für die Zeit, wenn die Kinder aus dem Haus sind: Da werden Expeditionen in die Vergangenheit oder ins Land alter Sehnsüchte und Träume geplant.

Man überlegt sich vielleicht, im Alter zusammenzuziehen. Vielleicht jetzt nicht mehr als Wohngemeinschaft, weil man doch etwas anspruchsvoller und eigenwilliger geworden ist, aber vielleicht als Hausgemeinschaft oder als Nachbarn. Mit Freundinnen und Freunden lässt sich das leichter bewerkstelligen als mit Eltern, Geschwistern oder Kindern, man ist besser voneinander abgegrenzt und respektiert sich mehr.

Freundinnen und Freunde gehören somit zu den wichtigsten Bestandteilen unseres sozialen Netzwerkes.

Großfamilien oder das Familiennetzwerk

Jede Familie kann eine Großfamilie sein. Vielleicht ist der Begriff *Familiennetzwerk* unserer Zeit aber angemessener, weil er weniger Enge und Geschlossenheit und auch weniger Hierarchie impliziert. Diese Bezeichnung »Familiennetzwerk« hebt zudem die Vernetzung gleichberechtigter Teile mehr in den Vordergrund. Sie wird auch dem komplizierten Geflecht unterschiedlichster Beziehungen in einer Familie besser gerecht.

Jede Familie kann also ein Netzwerk sein, wenn man den Horizont nur weit genug zieht. Manche meinen, zu ihrer Familie gehörten nur wenige, weil beide Partner Einzelkinder seien und sie ebenfalls nur ein Kind hätten. Aber waren die Großeltern auch Einzelkinder?

Wenn wir unseren Stammbaum nur detailliert genug untersuchen, werden wir womöglich auf Zweige und Verästelungen stoßen, die wir bisher außer Acht gelassen haben. Es gibt immer Verwandte und deren Nachkommen, die wir nicht kennen, weil wir sie bisher aus unserem Bewusstsein ausgeblendet haben.

Familiengeheimnisse – Wo Teile der Familiengeschichte fehlen

Es ist ein interessantes Phänomen, wie wir manchmal eine ganze Seite unseres Stammbaums ausblenden. Da wird zum Beispiel die mütterliche oder väterliche Linie abgelehnt, verteufelt oder ganz einfach vergessen. Die Kinder haben nur Kontakt mit den Angehörigen der einen Seite, erzählen ihren eigenen Kindern von den

Vorfahren aus diesem Zweig, aber über die andere Seite wissen sie so gut wie nichts, finden diese auch überhaupt nicht interessant.

Hier spielen komplexe familiäre Prozesse eine Rolle, beispielsweise *Scham* über etwas, was auf der einen Familienseite vorgefallen ist. Da hat zum Beispiel ein Vorfahre ein Verbrechen begangen oder er war ein Tunichtgut und hat die ganze Familie um Hab und Gut gebracht. In einer anderen Familie gab es vielleicht einen Selbstmord, der vertuscht werden sollte, oder einen Großvater, der uneheliche Kinder gezeugt hat, die dann mitsamt ihrer Nachkommenschaft verschwiegen werden mussten.

All diese unverarbeiteten Dinge in einer Familie fallen leicht einem Tabu anheim. Mit jeder Generation wird die Ursache der Familienschande undeutlicher. Die nachfolgenden Generationen spüren dann nur noch ein Unbehagen, wenn irgendein Freund zufällig die unbedachte Frage stellt, weshalb auf Familienfesten nie die Angehörigen der mütterlichen Seite eingeladen werden. Dann fängt man zu stottern an, es legt sich eine Art Nebel um den Kopf. Man wird ärgerlich über die Frage und empfindet sie als Zumutung.

Manchmal merken wir erst im mittleren Lebensalter, dass irgendetwas mit unserer Familiengeschichte nicht stimmt. Häufig weisen uns unsere Kinder darauf hin. Wenn wir zum Beispiel ihnen gegenüber etwas aus der Familiengeschichte schamhaft verbergen wollen, wenn wir uns über irgendeine Gewohnheit schämen, die wir von unseren Eltern übernommen haben oder wenn wir unsere Kinder unbedingt zwingen wollen, ein bestimmtes familiäres Erbe anzutreten, selbst wenn sie es nicht möchten. An solchen kritischen Stellen wird uns bewusst: Da haben wir uns mit einem problematischen Teil unserer Familiengeschichte noch nicht auseinander gesetzt, damit sind wir noch nicht fertig.

*Eine Aufgabe im mittleren Alter: Uns auf die Suche nach den feh-
lenden Teilen zu begeben*

Die Auseinandersetzung mit solchen Themen aus der Familien-
tradition braucht Zeit. Man kann eine Familie mit einem Fluss
vergleichen: Wenn im Verlauf des Stroms ein Hindernis auftaucht und dieses das Wasser aufstaut, wird auch der Druck immer mehr aufgestaut, bis er groß genug ist, um das Hindernis zu
überwinden oder zu umfließen.

Alles hat seine Zeit. Wir brauchen nichts zu überstürzen und
nicht Familiendetektive zu spielen. Wir sollten aber darangehen,
Familiengeheimnisse aufzudecken, wenn die Zeit dafür reif ist.
Dies ist oft der Fall im mittleren Lebensalter.

Als Kinder haben wir oft die Familiengrenzen unserer Eltern
ungefragt übernommen. Wir pflegten Kontakt mit denjenigen
aus der Familie, mit denen unsere Eltern gerne umgegangen sind.
Wir hatten keinen Kontakt mit denen, die sie gemieden haben.
Wir bleiben dem Verhaltensmuster unserer Eltern selbst dann
treu, wenn wir längst erwachsen sind. Wenn wir die von ihnen ge-
setzten Grenzen überspringen, haben wir das Gefühl, wir würden
sie verraten, wir müssten solche Kontakte vor ihnen verheimli-
chen, weil wir ein Tabu brechen.

Es ist wichtig, mit Familientabus achtsam umzugehen. Wir
müssen warten, bis die Zeit kommt, sie zu hinterfragen. Manchmal besitzen wir erst nach dem Tod unserer Eltern die innere Freiheit, um an Familiengeheimnisse heranzugehen. Zugleich wächst
mit deren Tod in uns der Wunsch, Verbindung aufzunehmen mit
anderen Mitgliedern unserer Familie, um die Lücke zu schließen,
die sie hinterlassen haben. Wir haben das Bedürfnis, die Hinder-
nisse zu beseitigen, die dem Weiterfluss des Generationsstroms
bisher im Wege gestanden sind. Daher nehmen manche von uns

nach dem Scheiden ihrer Eltern das Heft in die Hand und betreiben Familienforschung.

Wenn die Zeit für eine solche Expedition reif ist, kann es sehr bereichernd sein, bisher unbekannte Regionen in unserer Familienlandschaft kennen zu lernen. Wir entdecken damit ein Stück unserer angeborenen Heimat neu, wir werden um dieses Stück vollständiger und mehr wir selbst. Das Netzwerk unserer Familie erweitert und vertieft sich. Wir tun damit etwas für uns selbst, für unsere Kinder und für die ganze Familie.

Familienfeste

Familienfeste sind etwas Besonderes. Sie sind nicht selten entweder besonders schön oder besonders schrecklich. Dort wo sie schrecklich sind, gibt es meistens ungelöste Probleme, wie ich sie oben umrissen habe. Dort wo sie schön sind, werden Familienfeste zu aufregenden Ereignissen. Anlässe gibt es genug: Geburtstage, Hochzeitstage, Taufen, Konfirmationen, Erstkommunion, Beerdigungen, Abschieds- und Wiedersehenspartys. Jeder Anlass spricht ein bestimmtes Familienthema an: Mal werden die Geburt und die Lebensstationen einer Person gefeiert, mal eine Paarbeziehung, mal das Ende eines Lebens.

In der Gesamtheit dieser Anlässe wird die Fülle unseres Lebens sichtbar und fühlbar. Wir bekommen einen sinnlichen Eindruck über das Weiterwachsen des Lebens. Wenn wir beim Wiedersehen in altvertrauten Gesichtern neue Falten wahrnehmen, wenn wir sehen, wie groß die Kinder wieder geworden sind, spüren wir den Lauf der Zeit. Wir begrüßen Neugeborene, wir begrüßen neue Partner und nehmen Abschied von Geschiedenen. Wir registrieren besorgt Krankheiten, Unfälle und Todesfälle. Mit Fotos, Videos, Sketchs und musikalischen Darbietungen erinnern wir uns. Wir musizieren zusammen, singen, tanzen, beten. Wir treffen uns zu freudigen Anlässen, wir treffen uns zu traurigen Anlässen.

Der Familienbaum geht durch seine Jahreszeiten, er blüht, trägt Früchte, verwelkt, geht in den Winterschlaf. Seine Samen befruchten sich mit denen anderer Bäume, manchmal aus der unmittelbaren Nachbarschaft, manchmal aus weiter Ferne. Damit entsteht ein multigeneratives, manchmal multikulturelles Netzwerk, wo etwas spürbar wird von der Welt als Familie.

Literatur

Bank, Stephen P. u. Kahn, Michael D.: *Geschwister-Bindung*, München: dtv 1994

Benary-Isbert, Margot: *Das Abenteuer des Alterns*, Frankfurt/M.: Josef Knecht, 22. Aufl. 1994

Bender, Hans (Hrsg.): *Das Herbstbuch. Gedichte und Prosa*, Frankfurt/M.: Insel 1982 (darin: Theodor Fontane: »Herr von Ribbeck auf Ribbeck im Havelland«)

Chu, Victor: *Casablanca oder wohin die Sehnsucht dich trägt. Unerfüllte Liebe und andere Leidenschaften*, München: Kösel, 2. Aufl. 1998

Ders.: *Krisenzeit. Nach Tschernobyl: Meditationen eines Psychotherapeuten*, Köln: Edition Humanistische Psychologie 1991

Ders.: *Liebe, Treue und Verrat. Von der Schwierigkeit, sich selbst und dem Partner treu zu sein*, München: Kösel 1995 (vergriffen, Kopie beim Autor erhältlich, Adresse siehe S. 4)

Chu, Victor u. de las Heras, Brigitta: *Scham und Leidenschaft*, Zürich: Kreuz, 2. Aufl. 1995 (vergriffen, Kopie beim Autor erhältlich, Adresse siehe S. 4)

Dargyay, Eva (Hrsg.): *Das tibetische Buch der Toten*, München: O.W. Barth, 3. Aufl. 1981

Deffarge, Marie-Claude u. Troeller, Gordian: *Frauen der Welt*, Frankfurt/M.: Zweitausendeins 1984

Erikson, Erik H.: *Kindheit und Gesellschaft*, Stuttgart: Klett-Cotta, 11. Aufl. 1992

Ders.: *Der vollständige Lebenszyklus*, Frankfurt/M.: Suhrkamp 1988

Friday, Nancy: *Wie meine Mutter. My Mother my self,* Frankfurt/M.: Fischer-TB, 16. Aufl. 1997

Grimm, Jacob u. Wilhelm: *Die Kinder- und Hausmärchen der Brüder Grimm,* 3. Nachdruck der Ausgabe Kassel 1812/1814, Lindau: Antiqua 1988

Hesse, Hermann: *Die Gedichte,* Frankfurt/M.: Suhrkamp 1970

Imber-Black, Evan, Roberts, Janine u. Whiting, Richard A.: *Rituale. Rituale in Familien und Familientherapie,* Heidelberg: Carl-Auer-Systeme, 3. Aufl. 1998

Jaeggi, Eva u. Hollstein, Walter: *Wenn Ehen älter werden. Liebe, Krise, Neubeginn,* München: Piper 1998

Käsler-Heide, Helga: *Wenn die Eltern älter werden. Ein Ratgeber für erwachsene Kinder,* Frankfurt/M.: Campus 1998

Kahn, Michael D. u. Lewis, Karen Gail: *Siblings in Therapy. Life Span and Clinical Issues,* New York, London: Norton 1988

Kast, Verena: *Die beste Freundin. Was Frauen aneinander haben,* München: dtv 1995

Kolpaktchy, Gregoire (Hrsg.): *Das ägyptische Totenbuch,* München: Scherz 1998 (Sonderausgabe)

Kramer, Gisela: »Umwege, auch Irrwege, gehören dazu. Frauen und ihre Lebensziele und Lebensplanungen«, in: *Frankfurter Rundschau* vom 23. Januar 1999

Lifton, Robert J.: *Der Verlust des Todes. Über die Sterblichkeit des Menschen und die Fortdauer des Lebens,* München: Hanser 1986

McGoldrick, Monica, Anderson, Carol M. u. Walsh, Froma: *Feministische Familientherapie in Theorie und Praxis,* Freiburg: Lambertus 1991

Nispel, Petra: *Meine Eltern werden älter. Ein Ratgeber,* Freiburg: Herder 1998

Pincus, Lily: *... bis daß der Tod euch scheidet. Zur Psychologie des Trauerns,* Berlin: Ullstein o.J.

Dies.: *Das hohe Alter. Lebendig bleiben bis zuletzt,* München: Piper 1992

Rank, Otto: *Das Trauma der Geburt. Und seine Bedeutung für die Psychoanalyse,* Gießen: Psychosozial-Verlag 1998

Schnack, Dieter u. Neutzling, Rainer: *Kleine Helden in Not. Jungen auf der Suche nach Männlichkeit*, Reinbek: Rowohlt-TB 1990

Schönfeldt, Sybil: *Glückliche Kinder brauchen Großmütter*, München: Herbig 1994

Schwartzberg, Natalie, Berliner, Kathy u. Jacob, Demaris: *Single in a Married World,* New York, London: Norton 1995

Tausch-Flammer, Daniela: *Sterbenden nahe sein. Was können wir noch tun?* Freiburg: Herder, 2. Aufl. 1997

Treichler, Rudolf: *Die Entwicklung der Seele im Lebenslauf. Stufen, Störungen und Erkrankungen des Seelenlebens*, Stuttgart: Freies Geistesleben, 5. Aufl. 1995

Winnicott, Donald W.: *Familie und individuelle Entwicklung*, Frankfurt/M.: Fischer-TB 1984